NOTICE HISTORIQUE

SUR

L'ÉGLISE DE DOLE.

DOLE, IMPRIMERIE DE PILLOT.

NOTICE HISTORIQUE

SUR

L'ÉGLISE DE DOLE,

LA SAINTE-CHAPELLE,

ET LA CONFRÉRIE DES AVOCATS

Érigées en cette Église,

PAR M. E. MICHALET, AVOCAT.

DOLE,

BREUNE, LIBRAIRE-ÉDITEUR.

—

1858.

L'histoire d'une cité ne se lit pas seulement dans les livres ; elle se trouve écrite aussi sur chacun de ses monuments et de ses édifices.

C'est ainsi que la nôtre pourrait se résumer dans cette Eglise qui rappelle tant de souvenirs honorables, et qui exprime dans un langage si éloquent les idées, les affections, les besoins des générations qui nous ont précédés.

Cette pensée qui se présente comme d'elle-même quand on parcourt les archives municipales de Dole, nous avait inspiré le désir de remettre en honneur, s'il est possible, ces traditions dont le dépôt s'amoindrit tous les jours, lorsqu'une circonstance est venue donner à ce dessein une sorte d'opportunité, et en faire un moyen d'arriver à un résultat plus important.

Prenant, il y a quelques mois, possession de l'Eglise de Dole, M. le Curé de cette paroisse eut à constater, comme chacun peut le faire, combien la décoration intérieure de l'édifice laisse à désirer en maints endroits, et il forma dès lors la résolution de travailler activement à procurer sinon la restauration totale, ce que les temps actuels ne permettent guères d'espérer, du moins celle des parties les plus délaissées. De celles-ci, aucune assurément ne doit inspirer plus d'intérêt que la Sainte-Chapelle, ce sanctuaire de prédilection de nos pères, si richement orné jadis, maintenant nu et dépouillé de sa splendeur. C'était donc par là qu'il convenait de commencer.

Nous serions heureux si cette notice pouvait servir d'écho à l'appel chaleureux qu'a fait entendre à ce sujet M. le Curé, et déterminait quelques personnes de plus à y répondre. Les détails qui suivent ont été fidèlement extraits des archives de la ville. Nous nous sommes attaché surtout à ceux qui peignent le mieux la vie, les mœurs, les tendances de cette époque. Les notes et les preuves dépassent un peu les bornes dans lesquelles nous avions compté d'abord nous renfermer; mais c'était une occasion de faire connaître une foule de petits faits plus ou moins caractéristiques, qui n'auraient pas aisément trouvé place ailleurs.

NOTICE HISTORIQUE

SUR

L'ÉGLISE DE DOLE.

I. CONSTRUCTION DE L'ÉGLISE DE DOLE.

Il nous reste bien peu de renseignements sur les Eglises de Dole antérieures à la destruction de cette ville en 1479, et on n'en a guères conservé que les noms. Celle de St-Etienne, la plus antique de toutes, rappelée dans deux titres de 1157 et 1186, n'existait plus longtemps avant Gollut, qui n'a pu recueillir sur elle des documents positifs (1). Quelques-uns pensent qu'elle a été paroissiale; mais c'est à tort, à ce qu'il semble. Les Eglises St-Jacques et St-Georges étaient placées chacune à l'entrée des deux rues qui portent aujourd'hui ces noms. La première fut détruite complètement; mais la seconde se releva mal-

(1) Gollut, *Mémoires de la Séquanie* (Dole, 1592), p. 204.

gré ses ruines, et subsista jusqu'au commencement du XVIIe siècle. L'ancienne Eglise Notre-Dame fut fondée à la fin du XIe siècle. A son titre d'Eglise *paroissiale* elle joignit celui de *collégiale,* par l'union définitive, en 1421, de la cure au doyenné, et du prieuré au chapitre. On ne connaît rien de son architecture ni de ses proportions. Elle n'était point située sur l'emplacement de celle d'aujourd'hui, mais à côté, à peu près dans l'espace compris entre la rue de Besançon et les halles, de manière à tenir une direction sinon perpendiculaire, du moins très-oblique par rapport à l'édifice actuel (1). Vers 1475, comme cette église se trouvait trop étroite, et de plus fort dégradée, on en avait commencé une nouvelle dont la guerre vint arrêter la construction. Dans le sac de la ville par les armes de Louis XI, l'Eglise Notre-Dame fut brûlée avec les autres, mais non renversée; et il est certain qu'après la rentrée des habitants, elle put être recouverte tant bien que mal, et servir au culte jusqu'à ce que celle qu'on entreprit ensuite fut suffisamment avancée. Ceci résulte de divers articles des comptes de dé-

(1) Voir aux preuves n° 1. — Dans la concession des chapelles, pour distinguer les deux côtés de l'Église neuve, on disait le côté *devers la rivière,* et le côté *devers la vieille Église.*

penses de la ville (1) ; du testament du chan-
celier Carondelet , qui , en 1495, choisit sa
sépulture dans la chapelle Ste-Anne et du St-
Sépulcre de l'Eglise Notre-Dame de Dole, dont
il ne pouvait ignorer l'état ; et encore de l'inscription de son mausolée, qui nous apprend
que son fils , Jean Carondelet , archevêque de
Palerme , a fait transférer de l'ancienne Eglise
dans la nouvelle le corps de son père avec celui de sa mère , Marguerite de Chassey. Elle ne
fut complètement démolie que vers 1570 (2).

(1) Extrait d'un compte rendu par Guillaume
Drohot , bourcier de la ville de Dole , en 1488.
« Missions faictes au Kloige et Église. »
« A Perrenot Bigeot et à Jehan de Braisse de
Broissias, pour auoir faict chascung une journée et
demy en mectant le kloiche sur la vote le penul-
tième et derrier jour de juillet , la somme de vi gr.
« Item, pour les clercs de Sansonnet Jolyet pour
ledit Kloige, vint et v gros pour ce . xxv gr.
« Item, pour deux plates de fer pour mectre
au dict Kloige, pour ce . . . . . ii bl. »
(2) Extrait des délibérations du Conseil de ville
du 16 mai 1570.
« La vieille chapelle des Vurry *restant encoires
en estre de la vieille Église* , sera transportée et re-
dressée aux frais de la ville en la maison des escoles
de grammaire d'icelle, selon qu'autreffois a ja esté
ordonné et délibéré, réservant au dict Vurry le
droit de collation que à cause d'icelle lui peult ap-
partenir. »

1.

« Le dimenche XVIIe jour du mois de décembre , l'an de grace mil cinq cens et huict, heure d'enuiron deux heures après midy , par les notables , mayeur , escheuins et conseil de ceste ville de Dole, furent conuoquez et assemblez en la grant salç du Parlement du dict lieu tous les manans et habitans de la dicte ville (1), assauoir les plus apparans par les clerc et varlet de la dicte ville en leurs maisons, et tous ensemble par crys publique fait au son de la trompette , au partir de la grand messe du dict jour de dimenche , et à l'heure assignée au son de la grosse cloiche. »

« Et par tous les assistans et présens à la dicte assemblée, soubz le bon vouloir , plaisir et aide de Dieu notre souuerain créateur , de la Vierge Marie sa glorieuse mère notre patronne , et de toute la Court célestial de paradis, fut conclut et deliberé de faire et ediffier une neufue eglise en ce lieu de Dole, la plus belle et honneste que l'on pourrat. »

On passe ensuite procuration aux mayeur

(1) La population de Dole ne devait pas à cette époque dépasser 4,000 habitants. En effet , elle était encore enfermée dans l'enceinte des anciens remparts , d'un bon quart moindre que celle tracée par Charles-Quint, et l'on voit par les nombreux acensements faits à cette époque par le Magistrat , combien il y avait encore de places vides occupées par des cultures ou des ruines.

et échevins pour acquérir un terrain appelé le
Meix du Doyenné, sur lequel on avait déjà
commencé trente ans avant de bâtir une nouvelle église, en échange duquel on donnera au
Doyen un autre meix contigu au premier et
dépendant de la chapelle St-Antoine, et en
outre un pré de treize soitures appartenant à
la ville, d'un revenu de vingt francs par an,
rachetable pour une rente de pareille somme.
On indemnisait le chapelain de St-Antoine
en lui donnant un autre pré de six soitures,
d'un revenu de dix francs, et également rachetable.

Le traité fut passé le dimanche 24 décembre,
et reçu par Jean Jovelle, greffier *des Parle-
ments* de Dole.

« Et ce mesme jour, par ung venerable
docteur en saincte théologie, nommé maistre
Jehan Marion, du couuent des Frères Pres-
cheurs de Poligny, fut presché et faict ung
sermon solempnel à la louange de Dieu et de
sa glorieuse Mère, et de l'entreprinse de la
neufue église (1). »

(1) C'était au Magistrat que revenait le soin de
choisir les Prédicateurs. On trouve dans les archives un assez grand nombre de lettres écrites à la
ville par plusieurs Prédicateurs et des plus fameux
du XVIe siècle pour accepter ces fonctions, ou s'en
excuser. Les Cordeliers et les Capucins semblent
avoir joui, sous ce rapport, d'une faveur particu-

Ensuite les habitants assemblés comme précédemment nommèrent une commission ou fabrique , composée de neuf membres , deux ecclésiastiques et sept laïques , pour conduire et diriger l'œuvre de la construction de l'Eglise. Eustache Du Champt en est le trésorier. Quatre personnages , messire Loys Portier , prêtre, Guillaume Drouhot, Jacques Bazan et Guillaume Vaulchart sont chargés de la collecte des deniers , et généralement de tous les intérêts pécuniaires de la fabrique. La direction et la surveillance des travaux sont confiées aux quatre derniers qui sont maistre Nicolas Du Champt, chanoine , Jacques de Marenches, Pierre le Ciergier et Pierre de Crissey.

« Et se sont la plus part des dicts habitans fait inscripre chascun selon sa deuocion , et donnent les aucuns et la plus part par sepmaines , les autres par mois , et les autres par an, tant d'argent, charrois que journées, comme il appert par les pappiers et registres sur ce faiz estant es mains des dicts fabriciens. »

On ne put commencer à nettoyer et à dé-

lière auprès des habitants de Dole. Le Parlement se chargeait parfois de leurs honoraires. C'est ainsi qu'il offrit 40 fr. au célèbre P. Edmond Auger , qui avait prêché pendant le carême de 1579 , et qui les refusa. Sur requête de la ville , cette somme fut affectée au clocher.

blayer la place que le samedi 30 décembre, à cause de la neige qui couvrait le sol. Néanmoins, afin qu'en attendant « ung chascung peult aller voir le lieu à son aise, » on chargea deux ouvriers de frayer des chemins à travers cette neige.

« Le vendredi après disné XXVIe jour de januier au dict an (1), fut mis le feug en un fourneau de chaulx tenant enuiron IIIe (300) quehues, et fut cuyt le dimenche matin IVe jour de feurier, et fut le dict fourneau fait au dict doyenné, et y eut bien IIeL (250) voitures de bois que ceulx de la ville et des villaiges voisins donnerent et amenerent en aulmosne, et on leur donna à chascun ung pain blanc et à boire à plaisir (2). »

(1) C'est-à-dire en 1508 (1509 n. s.) Il faut se rappeler qu'à cette époque l'année ne commençait qu'à Pâques, et que par conséquent janvier, février et mars se trouvaient être les trois derniers mois de l'année.

(2) Extrait du compte de dépenses pour la semaine finissant le 5 février 1508.

« A Estienne Regnart, pour quarente douzainnes et trois pains blancs donnez en trois jours es charretons qui ont amené le bois pour le fourneau de chaulx tant à ceux de ceste ville que des villaiges voisins, pour ce. . . . . III fr. 1 gr.

« A Loys de Esse, pour le vin que l'on a prins de luy pour les dicts trois jours, donné es dicts

« Le mercredi dernier jour de januier fut commencé de ouurer à fairc les fondemens de la dicte église. »

« Le vendredi IXe jour du mois de feurier suigant, fut mise la première pierre par très reverend père en Dieu monseigneur Anthoine de Vergy, arcevesque de Besançon, en une procession generale bien solempnelle, et y auoit beaucopt de gens de bien. »

» Et depuis, par congregacion faicte des plus apparans de la dicte ville en la grande sale du Parlement, A esté donné puissance aux dits neuf personnes fabriciens auant nommés, de conferer et bailler place et lieux à tous ceulx ou celles qui vouldront faire ediffier chappelles et oratoires, et passer lectres au prouffit de ceulx et celles qui les feront pour eulx et leurs successeurs. »

On voit par ce naïf récit du temps (1) sous quels auspices fut commencée cette construction qui devait durer tant d'années. La ville prise par trahison, brûlée et réduite en cendres trente ans auparavant, commençait

charretons du vin à ung blanc la pinte, pour ii^c lxviiii (269) pintes, . cinq francs demy. »

(1) Extrait *du procès verbal des délibérations relatives à la construction de l'Église N. D. de Dole*, inséré en tête des comptes de recettes et dépenses pour la dite Église.

seulement à se relever de ses ruines ; les anciens habitants, qui avaient tout perdu dans ce terrible embrasement, sortaient à peine des caves où ils s'étaient longtemps abrités et reconstruisaient lentement leurs demeures ; enfin le trésor public était si pauvre qu'il fallut engager les biens de la communauté pour acquérir le sol de la nouvelle Église. Néanmoins pleins de confiance « en Dieu le souverain Créateur, et en la Vierge Marie leur patronne, » pour l'honneur desquels ils travaillent, ils décident unanimement qu'on fera l'Eglise, et qu'elle sera belle et somptueuse. C'était, dit Gollut, une grande hardiesse d'entreprendre par le temps d'alors une semblable dépense ; mais aussi faut-il convenir qu'après s'être mis de la sorte dans les mains de la Providence, les Dolois ne négligèrent rien pour mériter d'en recevoir le secours, et qu'ils s'aidèrent d'abord énergiquement. Chacun s'empressa d'apporter sa pierre ; ceux qui ne pouvaient donner de leurs deniers, donnèrent de leur temps et de leurs sueurs. Les femmes même vinrent offrir leur bonne volonté, et travailler de leurs mains à l'œuvre commune.

Il n'était guères possible d'apprécier exactement ce que coûterait cette construction, ni le temps qu'il faudrait y consacrer. Les premiers devis n'évaluaient la dépense qu'à dix ou onze mille francs de cette époque; mais cette somme qu'on pourrait décupler pour la ramener à sa valeur actuelle, s'éloignait encore extrêmement de la réalité, puisqu'on devait la dépasser douze ou quinze fois (1). Cependant remarquons que cette estimation ne s'appliquait à peu près qu'à la seule main-d'œuvre, et que l'on avait fort peu de matériaux à payer. En effet, la ville tirait la pierre de ses carrières, le sable de ses accrues, les bois de ses forêts ou de celle de Chaux dans laquelle elle avait droit d'usage. Voici maintenant comment se taxaient les journées: « depuis la Sainct-Michiel jusques à la Chandelleuse les deux maistres massons gaignent deux gros par jour et les ouuriers six blancs; et le demeurant de l'année, ils gaignent, assauoir les dicts deux maistres massons dix blancs par jour et les ouuriers deux gros par jour. » Encore ne s'agit-il que des bons ouvriers; les autres étaient payés à proportion de leur habileté. Après tout, quelque faible que fut l'appréciation, la somme était encore énorme pour une ville ruinée (2).

(1) Voir à la fin une note sur les valeurs relatives de l'argent et des denrées à Dole pendant le XVIe siècle et la première moitié du XVIIe.

(2) De 1480 à 1490, la ville fit faire des quêtes dans les pays voisins; mais les sommes ainsi recueillies furent affectées à la réparation des Églises et

Les ressources les plus assurées et les plus productives consistèrent toujours, comme on le verra, dans les dons et les sacrifices volontaires des habitants. Afin d'entretenir et d'accroître ces libéralités, on chercha à obtenir du Pape des faveurs et avantages spirituels pour ceux qui contribueraient à l'œuvre de la nouvelle Eglise. En 1512, Jules II accorda à l'Eglise de Dole un jubilé ou pardon pour 15 ans. Ce jubilé devait s'ouvrir la veille du jour de *Pasques flories* ou Dimanche des Rameaux, et finissait le jour de *Pasques charnel*. Pour le gagner, il fallait en sus des conditions ordinaires, déposer des aumônes dans des troncs placés à cet effet. D'après la bulle, les nobles titrés devaient donner à leur dévotion ; les nobles non titrés, les ecclésiastiques, les bourgeois, les marchands quinze sols chacun, et ceux de moindre condition cinq sols. Le produit des dons était applicable pour un tiers à la fabrique de St-Pierre de Rome, et pour le reste à celle de Dole. Les sommes ainsi recueillies variaient de 200 à 250 fr. par chaque jubilé, ce qui faisait environ 150 fr. pour l'Eglise.

En 1515, ce pardon fut suspendu à l'occasion des grandes indulgences que le pape Léon X fit publier et distribuer par ses commissaires

autres édifices ruinés en 1479, et non point mises en réserve pour construire la nouvelle Église.

dans toute la Chrétienté. Afin d'indemniser la fabrique, ceux-ci lui permirent de percevoir le tiers à peu près du produit des troncs placés aux églises de Salins, Gray, Lons-le-Saunier et Dole. Elle n'y perdit pas, car elle retira plus de 436 fr.

On a vu plus haut que les fabriciens avaient été autorisés à concéder dans l'Eglise des places pour construire des chapelles et oratoires, et aussi pour des siéges et des tombes. Cette mesure, dont l'effet fut de transférer à des particuliers ou à des corporations la propriété d'une grande partie de l'édifice, ce qui occasionna de nombreux procès, eut pourtant cet heureux résultat de soulager beaucoup la fabrique, en la déchargeant d'une part notable du bâtiment. Déjà les chapelles de l'ancienne église avaient été construites de cette manière par divers personnages qui en avaient fait les frais. Il en fut de même pour la nouvelle. Aussitôt qu'elle eut été entreprise, plusieurs nobles et bourgeois de Dole, et diverses confréries vinrent solliciter le privilége de chapelles particulières. On sait combien dans ce temps-là on estimait l'honneur de la sépulture dans les églises, le droit d'avoir son siége, son banc, sa place dans le temple, et, ce qui d'abord n'était guères possible qu'aux nobles, d'avoir son autel, son oratoire privé, où l'on faisait desservir ses fondations de messes et de prières. Tels furent à peu près les priviléges accordés aux fondateurs dans l'Eglise de Dole. L'acquéreur d'une chapelle devenait propriétaire de la place concédée ; il avait le droit de s'y faire enterrer, lui et les siens, ou, comme on disait, d'y établir son *charnier*, d'ériger un autel, ordinairement de se clore, et enfin d'aliéner ; la fabrique ne se réservait pas même un droit de cens, lods ou seigneurie pour pouvoir rentrer en possession, ce dernier cas échéant. En échange il devait édifier la chapelle à ses frais suivant le plan donné, l'entretenir, faire toutes les réparations, notamment celles de la couverture et des vitraux : faute par lui de les exécuter, elles se faisaient à ses frais. S'il ne voulait ou ne pouvait prendre le soin de la construire, la fabrique s'en chargeait moyennant une somme, qui dans l'origine n'était que de cent francs payables en plusieurs annuités. La concession des piliers de l'Eglise n'est pas des moins singulières. Le pilier désigné était construit aux frais du cessionnaire qui, en échange, avait droit à une place déterminée au devant de ce pilier, auquel il pouvait adosser un autel. Le plus souvent encore il obtenait la permission d'enclore cette place. Ces concessions variaient de 60 à 100 francs. Enfin un grand nombre de particuliers acquirent des droits de sièges, de bancs ou de

tombes , surtout quand l'Eglise eut été achevée. Ces sommes qui furent assez considérables,
servirent à l'entretien et à la décoration intérieure , ou bien se convertirent en rentes au
profit de l'Eglise.

Les noms des possesseurs de chapelles et
d'oratoires n'offrent pas assez d'intérêt pour
qu'on en donne ici la nomenclature; il suffira
de relater trois concessions de la première année de l'Eglise, c'est-à-dire, de 1509 , en
faveur de trois Confréries déjà anciennes à
Dole , et qui se sont perpétuées jusqu'à nos
jours avec plus ou moins de transformations.
Les Confrères de la *Conception* avaient leur autel contre le mur qui fut ouvert plus tard pour
la Sainte-Chapelle. Il en sera reparlé plus bas.
La Confrérie de *Ste-Anne* ou des *dames, demoi-
selles, bourgeoises et matrones* de Dole possé-
dait la Chapelle qui porte encore aujourd'hui
ce nom. Enfin la Confrérie des *filles et pucelles*
ayant pour patronnes *Ste-Ursule et les onze
mille Vierges ,* avait son oratoire adossé au gros
pilier du transsept à gauche , à la place qu'occupe à présent le banc d'œuvre (1).

_____

(1) Cette chapelle donna lieu en 1712 à un procès assez singulier. MM. du Magistrat avaient cédé
aux officiers du Bailliage un banc de forme trian-
gulaire qu'ils y occupaient déjà depuis longtemps
par tolérance des filles de la Confrérie. Ceux-ci ne
s'y trouvant pas assez commodément se permirent

L'Eglise de Dole trouva encore une source féconde dans les legs et dispositions testamentaires qui se faisaient à son profit, non seulement par des habitants, mais encore par une multitude de personnes des pays voisins. Ces legs furent si nombreux qu'à diverses fois la fabrique demanda et obtint des compulsoires, afin de faire dans les registres des bailliages les recherches nécessaires pour les découvrir tous, et en poursuivre le recouvrement. Parmi ces legs, nous rappellerons seulement celui du chanoine Picard, de Dole, qui, vers 1555,

de faire ôter l'autel. Par représailles, la demoiselle Duchamp d'Assaut, prieure, fit par deux fois et de nuit, enlever le banc de MM. du Bailliage. L'archevêque ordonna le rétablissement de l'autel, et le Parlement fut saisi de l'affaire pour statuer sur la propriété de la Chapelle. Une transaction s'en suivit en 1713 ; le droit des filles de Dole fut reconnu, et par conciliation, le banc des officiers du Bailliage maintenu en sa place ancienne, mais à condition qu'il serait déplacé toutes et quantes fois qu'il le faudrait pour inhumer quelqu'une des filles de la Confrérie.

Les places de MM. du Parlement étaient autrefois dans une tribune qu'ils avaient fait élever au-dessus de cette même Chapelle. Les membres de la Cour des Comptes avaient un banc qui occupait dans la grande nef tout le devant des quatre gros piliers de gauche. Ceux du Magistrat en avaient un semblable à droite.

chargea ses héritiers de faire élever une chaire semblable à celle de l'Eglise d'Auxonne, et légua en même temps à la ville une rente de 20 sols pour la faire nettoyer tous les mois.

Avant de parler des autres revenus que le Magistrat (1) et la communauté des habitants créèrent pour l'Eglise, il est à propos de dire un mot de l'administration de sa *boîte,* ou autrement de la fabrique. On a vu comment fut formée la première commission nommée par le peuple assemblé, et de qui elle tenait tous ses pouvoirs. Plus tard, la composition de ce conseil fut modifiée ; on augmenta le nombre des fabriciens de neuf jusqu'à douze. Le Mayeur et les trois Échevins en faisaient toujours partie ; on y comptait de plus deux ecclésiastiques pris ordinairement l'un dans les chanoines, l'autre dans les familiers, puis deux et quelquefois quatre conseillers de ville nommés par leurs collègues ; les autres étaient choisis parmi les notables. Le trésorier avait le titre de principal fabricien. Dès la fin de ce siècle, l'organisation fut encore changée. La fabrique ne devint plus qu'une simple commission sem-

(1) Sous le nom de *Magistrat* on désignait autrefois la réunion des personnes chargées de l'administration des affaires de la ville. C'étaient le Vicomte Mayeur, les trois Echevins et les douze Conseillers municipaux.

blable aux autres entre lesquelles se partageait le Conseil de la ville , et ce fut le Magistrat lui-même qui prit le titre de *fabricien* (1).
Les comptes de fabrique se rendaient devant une commission où assistaient des ecclésiastiques et des notables. C'est du reste ce qui se passait autrefois dans un grand nombre de villes.

La personnalité de la fabrique n'est pas aisée à bien définir. Dans les deux derniers siècles, il est évident qu'elle fut absorbée tout entière dans celle du Magistrat qui en soutenait tous les intérêts , et engageait pour elle les procès , soit en demandant , soit en défendant. Mais au XVIe siècle, cette personnalité semble avoir exercé son action d'une manière indépendante. En effet , on voit alors la fabrique poursuivre seule et en son nom le recouvrement de ses créances , passer des marchés, concéder des places à l'Eglise , et par là céder une partie de la propriété commune , enfin faire tous actes d'administration. On reconnut sans doute l'inconvénient de l'existence simultanée de

(1) Il n'y a aux archives de la ville qu'un seul registre de *fabrique* commençant en 1544 (il n'y en a pas eu d'antérieur), et finissant en 1565. Depuis cette époque toutes les résolutions concernant le fait de la fabrique se trouvent éparses et mêlées aux autres dans les registres des délibérations du Magistrat.

deux corps également sortis du suffrage populaire, et représentant la communauté au même titre, quoique pour des objets différents. Il n'est donc pas étonnant qu'ils aient fini par se confondre. Mais dans tous les temps la caisse de la fabrique fut entièrement distincte des autres caisses et revenus de la ville. Du consentement général des habitants, on avait dès le principe affecté à l'Eglise certains revenus qui y étaient toujours fidèlement appliqués. Dans la suite on y en consacra d'autres, à mesure que les anciens cessaient d'exister. En voici l'énumération pour ce qui regarde le XVI⁰ siècle.

1° Le droit d'amodiation du sel, cédé à la fabrique vers 1513. Il consistait dans le bénéfice que faisait la ville en revendant aux habitants le sel qu'elle levait à Salins pour son ordinaire. Cette amodiation rapportait 140 fr. en 1516. Quand on éleva les fortifications, la ville dut reprendre cette perception qui consista dès lors en un impôt de quatre niquets par chaque salignon (1) de sel distribué. Afin que la caisse de l'Eglise ne perdît rien, la ville

_____

(1) Le salignon pesait deux livres deux tiers ; le niquet était la 144⁰ partie d'un franc de Franche-Comté. L'ordinaire du sel levé par la ville à Salins était de 115 charges par mois ; chaque charge pesait 127 livres.

demanda au souverain d'être autorisée à lever un niquet de plus pendant un certain nombre d'années, ce qui fut accordé par lettres-patentes de 1544, 1551, 1561 et 1588. En cinq années, de 1562 à 1567, cet impôt produisit 21,000 francs, dont il revint plus de 4,000 francs à l'Eglise.

2° La recette des amendes adjugées en la mairie, ou du moins d'une bonne partie, spécialement de celles prononcées pour jurements, blasphêmes, etc. Souvent ceux qui ne pouvaient les payer, étaient condamnés à faire pour l'Eglise un certain nombre de journées de travail.

3° Les boutiques des Cordeliers et celles situées devant les Halles s'amodiaient au profit de la fabrique.

4° Chaque étranger se faisant recevoir habitant, était tenu, avant de prêter le serment requis, de payer à la fabrique une somme proportionnée à ses moyens. Vers 1600, le droit de réception restait à peu près fixé à 30 francs.

5° On payait de même un droit pour avoir permission de tenir cabaret.

6° La permission d'user de beurre et de lait pendant le carême s'obtenait moyennant la compensation d'une aumône pour l'Eglise. D'après le réglement de l'Archevêque de Besançon, en 1588, les riches devaient donner

3 blancs par semaine, les *médiocres* 2, et les *petits* un seul. Plus tard, quand s'introduisit la faculté de faire gras, la ville amodiait au profit de la fabrique le privilège de la vente de la viande pendant le carême. Vers la fin du XVIIIe siècle ce profit était de plus de 500 livres.

7° A la fabrique appartenait encore le monopole du débit de la cire et de la chandelle aux portes de l'Eglise. Le Chapitre contesta ce droit, mais la ville s'y fit maintenir. En revanche, en 1575, il obtint mandement de garde contre la ville pour le droit de faire porter chaque dimanche, par son clerc ou *marrelier*, l'eau bénite dans les rues de Besançon, des Chevannes, de Frippapet et à l'entour de l'Eglise.

8° Chaque habitant était tenu, quand son tour arrivait, d'offrir à l'Eglise le pain bénit et *le bâton*, et de faire en même temps un don ou aumône. En 1570, le greffier en chef du Parlement, Etienne Barnard, refusa d'offrir le bâton ; mais sur requête de la ville la Cour lui ordonna de le faire, à peine de 500 livres d'amende. Antoine Dusillet, sergent-major de la garnison, y fut aussi contraint malgré son opposition (1655). Les chanoines ayant jugé à propos de s'attribuer les fleurs, bouquets et autres ornements dont on décorait le pain bénit et le bâton, le Magistrat, par un édit de 1626, défendit qu'à l'avenir on y mît rien de semblable. Le Chapitre porta plainte devant la Cour, disant que les laïques n'avaient pas droit de réglementer sur cette matière; mais l'édit du Magistrat fut provisoirement maintenu (1).

On pourrait encore citer plusieurs autres sources de profits attribués à l'Eglise; ils offrent peu de particularités intéressantes. Il ne faudrait pas croire que la communauté n'ait rien fait de plus que d'abandonner les revenus dont le détail précède. La ville n'hésita jamais à se charger des dépenses auxquelles la caisse de la fabrique ne pouvait suffire, et, s'il le fallait, on recourait à une imposition sur les habitants.

Les sollicitations faites auprès des souverains et de plusieurs hauts personnages en faveur de l'Eglise ne restèrent pas sans résultat. En 1520, la comtesse Marguerite accorda 500 francs, à prendre sur une amende de 2,000 fr., à laquelle le Parlement venait de condamner Perrenot Droz, de Jussey. En 1550, Charles-Quint octroya 400 fr., et en 1581, Philippe II

(1) Le Magistrat avait alors un grand procès contre les Sieurs de l'Eglise au sujet des *droits curiaux;* les deux affaires furent jointes malgré l'opposition de ces derniers, dont les prétentions finirent par être en bonne partie rejetées.

fit don de 2,000 fr. Il y eut sans doute d'autres libéralités, mais dont on ne trouve plus les traces à cause de la perte des livres et comptes relatifs à la construction de l'Eglise (1). Citons encore cependant un présent de 200 fr. fait par le roi des Romains (2), en 1530, pour les verrières du Chœur. Celles du transsept furent faites aux frais du seigneur de Carondelet, et la plupart des autres par divers particuliers. Toutes étaient peintes dans l'origine; elles n'ont été remplacées par du verre blanc qu'après le siége de 1636.

Les travaux s'exécutaient au fur et à mesure que l'on avait des fonds pour y subvenir. Il eut été curieux de suivre la marche de ces travaux, et de noter l'achèvement successif de chacune des parties de ce vaste édifice; en l'absence des principaux documents, nous n'avons pu recueillir que des indications éparses et incomplètes. En 1552, on travaillait activement au grand portail et à la tour qui

(1) Il y en avait 40 volumes, de 1509 à 1575. Il ne reste plus que les comptes des deux premières années, ceux de 1515 à 1521 inclusivement, puis celui de 1523. La recette moyenne pendant ce temps n'a guères dépassé 500 fr. par an.

(2) Ferdinand, frère de Charles-Quint, élu roi des Romains en 1531. Les écussons des donateurs de verrières se voyaient jadis au bas des fenétres.

fut à peu près finie en 1559, moins le clocher. Le portail de gauche était achevé et couronné en 1554. L'année suivante on passe un marché pour la fourniture de la tuile destinée à couvrir l'Eglise ; une quête spéciale se fait pour cet objet. A partir de 1560, on marchande l'entretien des verrières, celui des voûtes, le nettoyage des murs, le soin de l'horloge, la sonnerie des cloches (1), et l'on s'occupe de décorer l'intérieur.

L'Eglise fut bénie et ouverte au culte bien des années avant qu'elle fut consacrée. La date de cette bénédiction ne se retrouve pas. Elle paraît être antérieure à 1550, car dès cette époque on concédait des siéges, des bancs et des tombes. En 1571, une profanation commise dans l'Eglise en occasionna l'interdiction ; on dut la rebénir, et on profita de

(1) Extrait du registre de fabrique, 30 mars 1549.

« On a déliberé et conclud que la grosse cloche naguères faicte par la ville sera baptizée, et pour parrain sera prins Monsieur de Bouclans, si luy plait accepter, et pour marraine Madame la greffière Vaulchier. »

Suivant un marché de 1579, le sonneur a droit de percevoir annuellement pour ses peines 6 blancs par chaque feu, et suivant un autre marché de 1615, seulement 4 blancs, sans rien exiger de plus.

cette circonstance pour la consacrer et en faire la dédicace , ce qui eut lieu le 24 juin. Nous avons cru intéressant de transcrire en note quelques délibérations du Conseil de ville à ce sujet (1).

(1) « Le jeudy à matin dix septieme jour du mois de may mil cinq cens septante ung , en la chapelle des vefue et héritiers du feu sieur aduocat de Boisset, se sont assemblez les sieurs Vurry mayeur, Camu , Bereul , general Vaulchard , Boutechou, Raclet , le Ciergier , J. Coinctot, L. Drouhot, Tyrot, Jauel et E. Duchamp , et par le dict sieur mayeur a esté proposé que à la part de la souueraine Court luy auoit esté faict entendre , que à l'instance du sieur Procureur general en l'Officialité de Besançon , interdiction auoit esté faicte de ne plus celebrer ni faire le seruice diuin en l'Eglise Notre Dame du dict Dole , pour raison de la polucion y faicte par l'ung des sieurs de l'Eglise, ouy sur ce le sieur chanoyne Berteaul appelé à la dicte assemblée auec aultres sieurs de la dicte Eglise selon l'introduction du droit canon. Sera escript au sieur Reuerend suffragan , tant pour consacrer et rebenir la dicte Eglise que pour la dedier selon qu'il conuient. »

Du vendredi 15 juin 1571. « A ce conseil ont esté appellés et se sont treuués pour la part des sieurs Venerables de l'Eglise Notre Dame, messieurs les chanoines Du Tartre et Oudier , et joinctement a esté aduisé et resolu que le sieur Reuerend suffragan de Besançon sera mandé venir en ce lieu de demain en huit jours pour faire la consecration de

Enfin il ne resta plus qu'à couronner la grosse tour par un clocher dont les proportions et la splendeur pussent annoncer de loin la capitale de la province. Le 12 août 1577 , la ville traita avec deux maîtres maçons de Dijon pour élever , selon le devis annexé , un clo-

la dicte église et la dedier comme il conuient. Et pour ce a esté choisy le jour de feste madame Saincte Anne , pour cy apres , le dict jour, solempniser la dedicasse de la dicte église. Et a le sieur Loys Drouhot prins charge porter les lettres au dict sieur Reuerend à Besançon moyennant vingt sols. »

« Le sieur le Ciergier a monstré à ce conseil la forme des chandeliers de fer qu'il conuient faire apposer aux pieds des croix peintes à l'Eglise pour la dedicasse d'icelle, lesquels il fera estamer et blanchir, et en iceulx meetre de petites escuelles d'estaing pour recepuoir la cyre coulant des cierges, et dont il sera rembourcé. »

Du samedi 23 juin. « Aussy sera publiée la procession generalle pour assister demain à la consecration et dedicasse de l'Eglise parrochiale Notre Dame de ce lieu. »

Du mardi 26 juin. — « Sera escript au sieur Reuerend suffragan, que les six escus d'or à luy donnés ayant dimenche dernier passé consacré et dedyé l'eglise Notre Dame de ce lieu , sont assauoir, deux d'iceulx pour la dicte consecration et dedicace, et les quatre restans pour son *viatique* , » (c'est-à-dire , ses frais de route).

cher de 74 pieds le comte de hauteur (1), et
ce moyennant la somme de neuf mille francs,
la ville fournissant au pied de la tour les matériaux évalués à trois mille francs, suivant
un autre marché (2). On sait que ce clocher
dont les Dolois étaient si fiers, ébranlé d'a-
bord par les boulets du prince de Condé, s'é-
croula jusqu'à la galerie pendant le siége de
1636, sous l'effort d'un violent orage. Il ne
nous reste aucune figure détaillée de ce dôme
qui devait terminer majestueusement l'édifice,
et relever ce que les proportions de la tour
ont d'un peu trop massif ; mais les procès ver-
baux de visite et de réception dressés en 1583 et

(1) Le pied le Comte, ainsi nommé pour le
distinguer du pied de Roi usité en France, et de
l'ancien pied de Bourgogne qui servait en Franche-
Comté à mesurer les champs et distances terrestres,
était employé spécialement pour le toisé des ouvrages de maçonnerie. Il valait presqu'exactement
$0^m 36$ suivant l'étalon gravé dans le recueil des
ordonnances de Franche-Comté, tandis que l'ancien pied de Bourgogne ne valait que $0^m 33$, et le
pied de Roi $0^m 325$. La toise le Comte était de
sept pieds, et mesurait conséquemment $2^m 52$.

(2) La ville fit encore un appel pour trouver une
partie de ces 12,000 fr. Elle s'adressa entr'autres
à MM. du Parlement, qui, par un appointement du
30 juillet 1579, déclarèrent qu'ils s'imposeraient
chacun à quatre francs pendant trois ans pour aider à la dépense du clocher.

1584, permettent d'en restituer la description d'une manière assez complète. Voici ce ce qu'il en est rapporté :

La corniche qui surmonte la tour avait trois pieds de hauteur et autant de saillie ; elle était munie de huit gargouilles, et bordée d'une galerie de pierre comme elle existe encore. Aux quatre angles de la plateforme s'élevaient quatre tourelles de quinze pieds environ de hauteur.

Le premier étage de forme octogone, comme tout le reste du clocher, avait de hauteur 9 pieds le comte. Ses murs, épais de deux pieds, étaient percés en arcades supportant ceux du second étage.

Celui-ci avait 4 toises et un pied et demi ; il était orné de pilastres, chapiteaux, niches, basses, buteaux, etc. Chacun des huit angles était terminé par une pyramide ou clocheton de 10 pieds. Ses murs avaient un pied et demi d'épaisseur, non compris la saillie des corniches, moulures et pilastres.

Sur cet étage reposait un dôme haut de 22 pieds et large de 24 dans œuvre à la base. Il était percé de huit lucarnes surmontées de clochetons de 5 pieds. A son sommet se trouvait une petite plateforme, munie d'une corniche, et percée d'une ouverture pour passer dans la lanterne supérieure.

Celle-ci ornée, comme le second étage, de

2.

pilastres, chapiteaux, corniches, frises, architraves, avait 15 pieds et demi de hauteur sur 9 de diamètre dans œuvre. C'est là qu'était placée la grosse cloche, qui probablement avait peu de rivales suspendues à une pareille élévation.

Enfin la lanterne était couverte d'un second dôme haut de huit pieds, sur lequel devait être fixée une statue en fer, représentant la Résurrection.

L'œuvre tout entière était de pierre de taille.

Par la supputation de ces chiffres, on reconnaît que les entrepreneurs avaient dépassé de 10 pieds le devis qui leur avait été imposé, de sorte que la hauteur totale du clocher était de 84 pieds le Comte, c'est-à-dire 30^m 24 au-dessus de la galerie, et de 82 mètres au-dessus du sol. La largeur dans œuvre avait aussi été augmentée, et portée de 24 à 26 pieds pour le carré où se trouvaient les cloches. Le travail fut vérifié par des experts de Dijon et de Besançon ; les premiers l'estimèrent 2115 francs, les seconds 1330 francs de plus que ne portait le devis.

Gollut qui était du Magistrat lors de l'achèvement de l'Eglise, et qui devait être bien informé, dit dans ses *Mémoires* (p. 203), que cette construction coûta aux habitants plus de cent cinquante mille francs. En l'absence des comptes de recettes et dépenses, nous ne pouvons discuter ce calcul, que les grandes variations survenues dans la valeur de l'argent et des denrées rendent d'autant plus difficile et incertain. En admettant le chiffre de Gollut, on peut, d'après les inductions que nous avons recueillies, estimer que les deux tiers au moins de la somme totale ont été le produit des dons et des libéralités volontaires et gratuites des habitants; un quart ou un cinquième aurait été versé par la caisse de la fabrique au moyen des concessions et revenus dont nous avons parlé plus haut, et le reste, moins six ou sept mille francs donnés par les souverains et d'autres personnages, aurait été pris sur les biens communs. Il n'y a pas d'exagération à dire qu'aujourd'hui cet édifice coûterait près de deux millions de francs.

Ce serait le lieu de se demander comment des capitaux aussi considérables ont pu être amassés pendant les quatre-vingts ans qu'a duré cette construction, surtout si l'on réfléchit que la ville n'avait pas à la fin du XVIe siècle plus de six ou sept mille francs de revenu. Mais quand on pense à tous les édifices qui s'élevèrent à Dole pendant ce siècle, et aux frais desquels les habitants contribuèrent encore à l'envi, tels que le Couvent et l'Eglise des Cordeliers, le Séminaire de Morteau, le Collége et l'Eglise des Jésuites, la maison des

Capucins, celles de divers autres ordres religieux ; que l'on songe à toutes les misères,
aux pestes, aux invasions qui marquèrent
cette époque, on ne peut s'empêcher d'admi-
rer la puissance et l'énergie d'une société aussi
essentiellement créatrice, et qui semble d'autant plus en état de produire qu'elle donne da-
vantage. Nous ne nous étendrons pas ici en
considérations sur le principe de ce dévouement et de ce zèle ; les faits en disent assez
d'eux-mêmes. Ce que nous voulons seulement
faire ressortir, c'est la prudence et le bon
ordre qui présidaient alors à l'administration
soit des biens des communautés, soit de ceux
des particuliers, et qui de fortunes plus que
modiques faisaient des fonds vraiment inépui-
sables. On ne saurait trop louer l'esprit de pré-
voyance et de sage économie qui dirigea pendant si longtemps les habitants et le Magistrat
de notre cité dans la conduite de la bourse
commune. Durant cinq siècles, les fonds, les
immeubles, les droits et revenus quelconques,
composant ce qu'on appelait le domaine patri-
monial de la ville, se transmirent d'une génération à l'autre non seulement intacts, mais
presque toujours augmentés. Si dans quelques
nécessités pressantes il fallut en aliéner, on
ne le fit qu'avec faculté de rachat ; et jamais
on ne manqua de les dégager, ce qui eut lieu
notamment pour les prés échangés contre le

sol de l'Eglise. Rien ne fait plus d'honneur au
bon sens et au patriotisme de nos pères que
cette maxime si religieusement observée par eux
de ne jamais sacrifier l'avenir au présent, et
de se soumettre à des sacrifices volontaires, à
des *gects*, à des impositions extraordinaires,
plutôt que de rien diminuer du patrimoine
commun. Et cependant aucun pouvoir supé-
rieur n'était là pour contrôler l'emploi qu'ils
faisaient librement de leurs deniers. Tout en
contribuant si largement à l'érection de l'E-
glise, ils n'ignoraient pas que bien peu d'entre
eux verraient le couronnement de cette œuvre
laborieuse; mais ils pensaient que leurs enfants, la voyant achevée, béniraient leur mémoire. Il faut bien le reconnaître; s'ils pouvaient ainsi prodiguer le luxe et la splendeur
dans leurs édifices et dans leurs cérémonies,
c'était à la condition de s'interdire dans leurs
demeures toute dépense vaine et inutile, heureux qu'ils étaient de ne pas connaître les besoins et les superfluités indispensables qui con-
sument si vîte maintenant les fortunes privées.
Qu'est notre luxe, qu'est notre richesse, toute
d'apparat, auprès de leur frugale aisance?
Ils donnaient des *francs* lorsqu'un *sou* valait un franc d'aujourd'hui; à présent, le
dirons-nous, c'est presque par *sous* que l'on
donne.

Après le siége de 1636 qui procura tant de gloire aux Dolois, mais qui leur laissa tant de ruines, l'Eglise privée de son clocher dont la chute avait enfoncé les voûtes voisines, se trouvait dans le plus pitoyable état. Ils s'adressèrent au souverain, et demandèrent quelques deniers pour en réparer les brêches, ainsi que celles de leurs murailles. Philippe IV déjà accablé du poids des guerres coûteuses qu'il soutenait contre la France, leur donna de grands éloges, mais peu d'argent; et encore les faibles sommes qu'il accorda durent-elles être employées aux fortifications dont il était trop important d'assurer la défense. Les Dolois n'hésitèrent pas alors à se dévouer de nouveau. A l'appel du Magistrat, un *boursillement* ou prêt volontaire s'organise; chacun oubliant la ruine de sa demeure apporte au trésor public ce qui lui reste de deniers; les dons et legs pour la réparation de l'Eglise affluent tellement, qu'on nomme un receveur spécial pour les recueillir et en faire emploi. Et cependant la guerre continuait avec fureur, les récoltes étaient ravagées par tout le territoire, et une peste effroyable succédant aux calamités du siége, avait chassé de la ville pendant plusieurs mois presque tous les habitants. Mais les désastres étaient si grands que tous ces secours suffirent à peine aux réparations les plus urgentes. La ville qui avait emprunté à gros

intérêts des sommes énormes, et qui comptait
en être remboursée par les États, ne le fut que
tardivement et seulement en partie; et durant
la paix de vingt ans qui suivit, les revenus
communs ne servirent qu'à l'amortissement de
ses dettes. Au moment où la position financière
de Dole commençait à se relever, survinrent
les conquêtes de 1668 et de 1674, avec la
domination de Louis XIV, sous laquelle l'antique capitale de la Franche-Comté se vit dé-
pouillée au profit d'une cité rivale de tous ses
attributs de reine, faute d'avoir pu payer le
prix de sa rançon. Frappée de tant de coups
elle n'eut plus qu'à déchoir; et son enceinte
démantelée, sa tour désormais couronnée
d'une simple charpente au lieu du dôme py-
ramidal qui s'y élançait jadis, ne restèrent
plus que pour témoigner sa défaite et son deuil.

Malgré ses mutilations, notre Eglise n'en demeure pas moins la plus vaste et la plus ma-
jestueuse parmi celles de l'ancienne province
de Franche-Comté. De graves incorrections,
des hors-d'œuvre disparates viennent sans
doute atténuer un peu son mérite architectural
et artistique; ses proportions ne sont plus tout-
à-fait celles de la bonne époque de l'art go-
thique; une lumière trop abondante lui enlève
quelque chose de ce charme mystérieux qui
invite au recueillement; néanmoins ne res-

sent-on pas en y entrant une partie de cette émotion religieuse qu'excite chez tous les hommes la vue des grandes basiliques du moyen-âge? Quel que soit l'auteur dont l'inspiration a présidé à l'ensemble de l'œuvre, il méritait d'être connu ; mais de tous ceux qui y ont coopéré, aucun n'a rien signé. On serait presque tenté d'en faire honneur aux maîtres maçons, en voyant combien de fois il leur est arrivé de modifier les plans et les proportions de ce qu'ils avaient entrepris. D'un autre côté, on ne peut méconnaître la part qu'ont prise à la direction de l'édifice les membres de la commission nommée en 1508 (1), et plus tard ceux du Magistrat, parmi lesquels se sont toujours trouvés des hommes très experts en cette matière ; ce n'est pas à d'autres que revient l'honneur de la surveillance et du contrôle des travaux, et par-dessus tout, celui de la persévérance, de l'activité et du dévouement.

(1) Extrait du compte des dépenses de l'Eglise pour 1509 :

« Pour les despens d'un vouaige fait à Diion pour reuiser les églises et mectre par mémoire ce que l'on trouuoit de bon et necessaire pour la neufue eglise ; le dict vouaige fait par Eustace Du Champt, Pierre Portier, Vienot Jaquart et Philippon Gaboillet, ... ii fr. x gr. i bl.

La description de l'Eglise ayant été déjà donnée dans plusieurs ouvrages, nous ne la répéterons pas ici (1). Nous consacrerons seulement une mention à l'établissement du jubé et des orgues.

En 1560, Etienne Barnard, greffier en chef du Parlement, et Marguerite Chaillot, sa femme, obtinrent des fabriciens la permission d'élever un jubé, dont l'emplacement fut fixé au bas de la nef près du grand portail. Suivant la coutume, il fut stipulé que les fondateurs auraient la propriété du jubé pour y faire une chapelle, avec une clef pour s'y clore, et de plus le droit d'établir leur *charnier* à la place située au-dessous. Ce jubé, construit dans le style de la renaissance, fut achevé en 1568, et resta en la possession de la famille de Chaillot et des autres héritiers jusqu'en 1750.

(1) Il convient cependant d'en rapporter les principales dimensions :

La grande nef a de longueur dans œuvre, ...	58m	25
La largeur entre les deux portes latérales, ...	33m	»
La plus grande hauteur de la voûte,	26m	40
Celle de la tour jusqu'à la galerie,	51m	80
De la galerie au sommet de la dernière lanterne, ...	20m	95

(*Note communiquée par M. l'architecte Chariot*).

Les anciennes orgues que l'on croit avoir
avoir été données par MM. du Parlement, se
trouvaient dans la tribune ou jubé qui est près
de la porte latérale de droite, où elles sont
indiquées dès avant 1565, dans une note de
réparations faites à la verrière placée au-dessus. Une requête du Chapitre contre le Magistrat, en 1648, montre que l'origine de
cette donation était déjà incertaine, et que
par suite il y avait contestation pour savoir
à qui des deux incombait l'entretien des orgues. Elles venaient d'être réparées par le P.
Montarlot. La Cour condamna le Magistrat à
donner 100 fr. ; car il fut prouvé qu'il avait
déjà coopéré à une semblable dépense en 1592
et en 1618.

En 1688, on eut quelque velléité d'aug-
menter les orgues et de les remettre à neuf;
mais ce projet n'eut pas de suite. L'instrument
était devenu hors d'usage, lorsqu'en 1750 on
songea sérieusement à doter l'Eglise d'un orgue digne d'elle. Des souscriptions furent ou-
vertes; le Chapitre donna 1,500 fr., la ville
mille écus payables en dix annuités; les particuliers firent le reste. L'orgue, sorti des mains
du facteur Riepp, de Dijon, coûta 15,000 fr.,
et fut placé en 1754 sur le jubé Barnard que
les propriétaires consentirent à céder. C'é-
taient alors MM. de Chaillot, de la Bevière,
de Dortans et de la Balme, avec Jeanne

Devaux, Dame de Montmarlon. On convint qu'une inscription placée au jubé rappellerait cette libéralité. De plus, le Magistrat céda aux uns l'ancienne tribune des orgues, aux autres des places dans le jubé. En outre, MM. de Chaillot réservèrent pour le chef de leur maison le droit d'*entrer au chœur à cinq grandes fêtes de l'année, et de se placer dans la stalle la plus éloignée de celle du Doyen.*

Le nouvel orgue passait pour un des plus beaux de France. Le premier organiste qui le toucha fut le sieur Taperay. Il avait 500 fr. de gages annuels que lui payait le Magistrat, et que celui-ci voulut, mais sans succès, faire retomber à la charge du Chapitre.

Il resterait beaucoup à dire sur l'affectueuse dévotion avec laquelle les Dolois se plurent à décorer et à enrichir leur Eglise. Nous les possédions encore, il y a un peu plus de soixante ans, ces trésors accumulés par trois siècles de libéralités, ces tableaux de maîtres, ces riches ornements, ces vases, ces statues encore plus précieuses par l'art que par la matière. Des mains sacrilèges les ont fait disparaître sans retour..... Mais quittons ces tristes souvenirs, et venons à ce qui fait l'objet de la seconde partie de cette notice.

II. MIRACLE DE FAVERNEY.

AVANT de raconter ce qui concerne la Sainte-Chapelle de l'Eglise de Dole , on ne peut se dispenser de parler du fait extraordinaire qui donna lieu à sa construction , c'est-à-dire , du miracle connu sous le nom de *Miracle des deux Saintes Hosties de Faverney*. Pour ne parler que d'après des pièces authentiques , nous extrairons ce qui suit du mandement de l'Archevêque de Besançon donné sur ce sujet le 10 juillet 1608.

A l'occasion d'indulgences accordées par le Saint-Siége à l'Eglise abbatiale de Faverney, on avait élevé en cette Eglise , la veille de la Pentecôte (24 mai 1608), un reposoir sur lequel devait être exposé le Saint-Sacrement pendant quelques jours. Cet autel , fait de planches , fut adossé à une grille ou treillis de fer séparant le chœur d'avec la nef ; on y disposa un tabernacle aussi de bois , et on orna le tout de draps de soie et de diverses tentures. Dans ce tabernacle fut mis un Ciboire en forme de boîte cylindrique ou de lunette fermée à chaque extrémité par un verre, et contenant deux hosties consacrées le même jour ; il y avait de plus dans le pied de ce Ciboire un doigt de Sainte Agathe enchassé en un tube de cristal. Pendant la nuit du dimanche au lundi de la

Pentecôte, l'Eglise étant déserte, le feu prit sans doute par un des cierges qui étaient restés allumés, consuma non seulement les étoffes et les ornements, mais encore l'autel et le tabernacle qui s'écroulèrent, et atteignit fortement les bois et poteaux qui soutenaient la grille. Le sacristain entrant sur ces entrefaites, vit l'Eglise pleine de fumée, et se hâta d'appeler au secours ; la foule accourut, et chacun put voir, non sans admiration et frayeur, le Ciboire suspendu en l'air sans aucun soutien visible, mais seulement plus rapproché de la grille qu'il ne l'était à sa place primitive, et paraissant la toucher par un seul point de son extrémité supérieure (1); puis, ce qui n'était pas moins prodigieux, les deux hosties et la relique demeurées parfaitement intactes, ainsi que les verres qui les protégeaient, quoique le feu eut été assez ardent pour rougir le grillage. Le miracle dura de la sorte trente-trois heures, pendant lesquelles un peuple innombrable eut le loisir de le contempler sous toutes ses faces, et d'adorer la vertu divine qui soutenait ainsi le Ciboire, lequel resta immobile malgré les ébranlements fréquents communiqués au treillis. Le lende-

(1) L'enquête constata que ce contact apparent provenait d'un peu de cendres qui s'y étaient amassées ; le pied de l'ostensoir en était d'ailleurs tout couvert.

main mardi , 27 mai, sur les dix heures du
matin , tandis qu'un curé du voisinage disait
sa messe au grand autel , on fut tout-à-coup
averti d'un nouveau prodige par un cierge qui
s'éteignit trois fois sans cause apparente , et
presqu'au même instant , pendant que le célébrant abaissait l'hostie après l'élévation, on vit
le Ciboire descendre doucement, et venir se placer juste au milieu d'un corporal qu'on avait
disposé sur une table un peu au-dessous pour
le recevoir s'il venait à tomber.

L'Archevêque de Besançon fit aussitôt infor-
mer sur les lieux ; on recueillit les déclarations
d'une foule de personnages témoins oculaires
du miracle , ou plutôt de cette succession de
miracles , et toutes les circonstances de nature
à en garantir l'authenticité furent soigneuse-
ment consignées. A la suite de cette procédure,
Ferdinand de Rye le publia dans son diocèse ,
et ordonna que des actions de grâces seraient
rendues à Dieu , qui avait choisi la province
de Franche-Comté pour y faire ainsi éclater
sa puissance.

La ville de Dole ne fut pas des moins zélées
en cette occasion ; et , comme le dit Boyvin ,
« sitôt qu'elle eût fait rencontre de cette pierre
précieuse , elle se résolut , à l'exemple du
marchand lapidaire que l'Evangile nous pro-
pose , de n'épargner aucune chose pour en
pouvoir faire emplette à quelque prix que ce

fût. » Le Parlement et le Magistrat entamèrent
de concert des négociations tendant à obtenir
pour la ville et l'Eglise de Dole la possession
d'une des deux Saintes Hosties, et par l'en-
tremise d'un personnage influent et tout dé-
voué à la province, le président Richardot,
on réussit à avoir de l'Archiduc Albert, lors
souverain des Pays-Bas et de Franche-Comté,
une lettre par laquelle il invitait Dom Alphonse
Doresmieux, abbé de Faverney, à condes-
cendre à ce vœu. Comme cette lettre n'était
pas signée de la main même de l'Archiduc,
l'abbé refusa aux députés du Magistrat d'accorder leur demande. Il fallut donc se pour-
voir de nouveau auprès d'Albert, qui cette
fois écrivit de sa main en termes plus pressants
encore, et Dom Doresmieux dut enfin céder.
Il réserva seulement pour lui et son Eglise certaines conditions qui furent communiquées au
Conseil de la ville le 7 décembre 1608, avec
l'avis de son consentement. Sans différer,
sans même prendre le temps d'avertir l'Archevêque (1), on organise une magnifique dépu-

(1) L'Archevêque fut mécontent du procédé, et
ne voulut pas d'abord approuver la translation de
la Sainte Hostie à Dole ; il finit par donner son
consentement le 50 avril 1609. Il refusa aussi
d'homologuer la condition insérée dans le traité,
par laquelle l'abbé de Faverney, quand il jugerait à
propos de venir à la procession de la Pentecôte,

tation , composée des principaux membres du
Parlement, du Doyen, de plusieurs chanoines
et familiers , de deux professeurs de l'Université , d'un maître et d'un auditeur de la
chambre des Comptes , du Mayeur et de plusieurs membres du Magistrat , et d'environ
soixante et dix autres personnages de divers
rangs , tous à cheval , et escortés d'une troupe
de cent hommes d'armes aussi à cheval , sans
parler du train qui suivait à pied. Partis le
lundi 15 décembre , ils arrivèrent à Faverney
le mercredi soir. Le lendemain , on dressa les
clauses du traité (1) ; puis après une messe
solennelle où ils communièrent tous , l'Hostie
accordée à la ville fut renfermée dans un riche
coffret à trois clefs fait et apporté à ce dessein,
ensuite livrée au Doyen qui la déposa dans
une litière splendidement ornée , et l'on se
remit en route. Le cortège grossi d'une population immense, arriva le samedi 21 décembre .
au village de Brevans, distant d'une demi-
lieue de Dole. Tous les corps y résidant, le Parlement, l'Université , la Chambre des Comptes,
les officiers du Bailliage, le Magistrat , tout
le Clergé, les membres des nombreux ordres

aurait le droit de paraître avec la crosse et la mitre,
et de porter la Sainte Hostie préférablement à tous
autres. François de Grammont accorda cette clause
en 1700.

(1) Voir aux preuves , n° 2.

religieux, toutes les confréries et corporations ,
les étudiants et écoliers de l'Université et des
Colléges , les jeunes filles vêtues de blanc , enfin tout le peuple , excepté ceux que leur de-
voir retenait dans la ville , vinrent au-devant
de la Sainte Hostie , et composèrent par leur
concours la plus solennelle procession qu'on
puisse imaginer. De splendides préparatifs
avaient été faits à la porte et dans les rues par
où elle devait passer. Partout des arcs de triomphe , des inscriptions , des devises à la louange
de l'Hôte qui venait prendre possession de la
ville. Les clefs lui en furent offertes , après un
compliment, *modestement hardi,* par de jeunes
enfants vêtus des couleurs et des armes de
Dole ; puis après une entrée plus triomphante
qu'on n'avait jamais fait pour aucun souverain,
au son des cloches et au bruit des décharges de
l'artillerie , le *Saint-Sacrement de miracle* fut
porté dans l'Eglise paroissiale , où se termina
par les chants d'actions de grâces une cérémonie si propre à exciter l'émotion et l'enthou-
siasme de nos religieux ancêtres (1).

(1) Les frais de la translation de la Sainte Hostie
s'élevèrent à 2,676 fr. et 1 gros, savoir : 265 fr.
pour la confection de la litière ; 1,539 fr. 8 gr.
2 bl. pour le voyage , et 873 fr. 18 bl. pour les
arcs de triomphe et autres décorations faites dans
la ville et à l'Eglise. Ce serait plus de 6,400 fr. de
notre monnaie.

Il faut laisser au président Boyvin le soin de nous raconter dans son langage à la fois précis, naïf et pittoresque, tous les détails de cette translation et de ces fêtes dont il fut en partie l'ordonnateur. Pour ces faits nous renvoyons donc à son livre, comme aussi pour plusieurs circonstances du miracle par lui relevées avec ce coup-d'œil du magistrat qui veut établir la preuve juridique de ses assertions (1). Sans entrer dans une description aussi étendue, nous avons jugé à propos de faire suffisamment ressortir le fondement sur lequel s'appuya si longtemps le culte des Do-

(1) *Relation fidèle du miracle du S. Sacrement arrivé à Fauerney en* 1608, *suivie de la description des arcs de triomphe, etc., par* J. Boyvin ed. Guenard; *Besançon*, 1859. — Cette relation a été tirée par Boyvin d'un manuscrit sur parchemin, relié en vélin, et déposé autrefois aux archives de Dole, sous la cote 201 de l'inventaire de 1642. Il contenait une copie authentique du procès verbal d'enquête dressé à la suite du miracle par MM. de l'Officialité de Besançon, avec les dépositions de trente-six témoins, plus un récit de la concession d'une des deux hosties, de son transport à Dole, et des réjouissances que firent les Dolois en cette occasion. Lorsque Louis XIV vint en 1683 visiter la ville de Dole, la reine qui l'accompagnait désira avoir une notice du miracle. On tira alors des archives, pour le faire copier, ce précieux volume qui depuis n'y est plus rentré.

lois ; car au point de vue de la certitude hu-
maine, il n'y a pas de fait historique mieux
établi. Toutefois il faut dire que ce miracle n'a
pas été revêtu à Rome de l'approbation qui
serait aujourd'hui nécessaire avant de procé-
der à un culte public, et nous ne savons
rien des instances qui auraient dû être faites
dans ce but ; la chose paraît en être restée
à la promulgation faite par l'autorité épis-
copale (1).

Après l'acquisition de ce trésor que toute la
ville regardait comme un *Palladium* et un signe
invincible de la protection divine, on s'occupa
de veiller à sa garde, et de lui préparer une
somptueuse demeure où il pût recevoir les
hommages et les adorations de tous. Les prétentions opposées du Magistrat et du Doyen
firent naître d'abord quelques difficultés. Le
premier invoquait le droit de propriété, l'Hostie ayant été donnée à la ville ; le Doyen s'ap-
puyant sur les lois canoniques, disait que des
laïques ne pouvaient en aucune façon toucher
à cet objet sacré. Enfin, après plusieurs pour-

(1) Des indulgences spéciales furent accordées
par le Saint-Siége pour tous ceux qui visiteraient
l'Eglise de Dole aux jours pendant lesquels devait
être exposée la Sainte Hostie, mais sans qu'il soit
parlé de celle-ci. (*Bref du Pape* Paul V, *du 8
mai* 1612).

parlers, on convint de renfermer le Saint-Sacrement dans un coffret à trois clefs, desquelles deux seraient remises au Doyen et à un délégué du Chapitre, et la troisième au Magistrat, de sorte qu'il ne pouvait en être tiré ni exposé en public que du consentement des trois. Les époques auxquelles il serait montré au peuple ne se fixèrent pas non plus sans de petites contradictions; mais on ne tarda pas à tomber d'accord, ainsi qu'il convenait en pareille matière; et il fut dit qu'on exposerait la Sainte Hostie quatre fois l'an, savoir aux dimanches après les Quatre-Temps de carême et de septembre, le jour de Saint Thomas, anniversaire de sa translation à Dole, et enfin aux jours de la Pentecôte, époque à laquelle devait s'en faire la procession solennelle.

Lors de la remise de l'Hostie miraculeuse, il avait été convenu verbalement que la ville ferait élever une Chapelle spécialement destinée à la recevoir. Les Avocats de la Confrérie de Saint Yves se chargèrent de cette construction. L'histoire de cette Confrérie se trouvant intimement liée par là à celle de la Sainte-Chapelle, nous les réunirons dans les pages suivantes.

III. LA CONFRÉRIE DES AVOCATS ET LA SAINTE-CHAPELLE.

EN l'an 1552, les membres de la Cour de Parlement de Dole voulant se mettre sous la protection d'un Saint dont ils célébreraient chaque année la fête, firent chanter une messe solennelle à l'honneur de Saint Yves, dont la canonisation venait d'être récemment prononcée, et que tous les gens de justice s'empressaient de prendre pour leur patron. Ils convinrent de continuer ainsi les années suivantes, et selon l'usage général de toutes les corporations, de se réunir en un banquet le jour de la fête du Saint, c'est-à-dire le 19 mai. Pour assurer la célébration de cette messe, ils firent en 1553 une fondation perpétuelle qu'ils augmentèrent en 1595. Aux termes de ce dernier acte, MM. du Chapitre devaient, moyennant 200 fr. qu'ils acceptèrent, chanter la veille et le jour de Saint Yves, le plus solennellement possible, les vigiles, la grand'messe et les vêpres, avec accompagnement de musique et d'orgue.

Les Avocats voulurent suivre cet exemple; mais ne formant pas un corps comme les membres de la Cour, ils décidèrent en 1553 de se constituer en Confrérie. Le registre de leurs délibérations se trouve perdu ou égaré;

par conséquent nous ne pouvons faire connaître complètement leurs premiers statuts, ni les circonstances qui ont présidé à leur rédaction; mais on en pourrait prendre une idée dans ceux de la Confrérie des Procureurs, qui ont dû les copier en grande partie (1); et, d'un autre côté, nous avons retrouvé plusieurs minutes de délibérations qui, jointes à quelques notes glanées çà et là, permettront de les rétablir à peu près.

A la tête de la Confrérie marchait le bâtonnier, ainsi désigné, parce qu'aux jours de

(1) Ces statuts sont transcrits aux preuves, n° 6. L'histoire de la confrérie des Procureurs offre assez peu de faits caractéristiques et saillants. On voit qu'ils érigèrent leur chapelle à leurs frais en l'Eglise des Cordeliers, et qu'ils s'imposèrent à cet effet, comme firent plus tard les Avocats. Une statue de Saint Yves, en argent, et faite de leurs deniers, ornait leur autel. Elle revient dans une foule de délibérations. Leur nombre fut d'environ 40 à 45 pendant près d'un siècle; puis il se réduisit à 12 ou 15 au plus. Entr'autres articles de leurs statuts, on remarquera celui par lequel ils devaient remontrer à la Cour ce qui leur paraîtrait utile pour l'*abréviation* et *expédition* des procès, et le *soulagement* des plaideurs. A ce sujet ils présentèrent aux Etats assemblés à Dole, en 1614, un mémoire en 18 articles, énonçant plusieurs réformes importantes. Ils n'y oublièrent pas les intérêts de leur Compagnie.

cérémonie il portait comme marque de sa dignité un bâton orné de l'image de Saint Yves. Il était d'abord élu comme sous-bâtonnier, et n'entrait en charge que l'année suivante ; il suppléait le bâtonnier en exercice, si celui-ci venait à mourir ou se trouvait empêché. Il ne pouvait décliner ces fonctions. Chaque nouveau confrère, après avoir passé au scrutin, payait en entrant un droit de réception, qui, en divers temps, fut élevé jusques à 200 fr., somme bien considérable pour le temps. Les confrères Avocats devaient s'entr'aider, et surtout éviter toutes dissensions mutuelles ; ce cas échéant, on désignait deux membres pour visiter les parties en désaccord et les concilier, comme aussi pour avertir ceux qui auraient manqué aux devoirs de leur profession. Tous devaient assister aux offices célébrés pour la fête de Saint Yves, et ensuite se retrouver au festin que le bâtonnier donnait ce jour-là à toute la Confrérie, mais sans cependant qu'aucune pénalité fut prononcée contre les absents. Si le bâtonnier avait déjà fait *son tour,* on pourvoyait aux frais du banquet par cotisations. Les assemblées générales se tenaient à l'issue du repas, pour faire les élections et statuer sur les choses à régler ; il y avait aussi des réunions extraordinaires selon les besoins. Une délibération régulièrement prise obligeait toute la Confrérie ; et s'il s'agissait d'une imposition, les membres absents, aussi bien que les présents, pouvaient être contraints à payer, même par la vente de leurs biens. Comme le recouvrement de ces créances nécessita de fréquents recours en justice, on finit par charger un membre éligible chaque année de poursuivre les procès de la Confrérie; il se nommait l'*instigant*. Six semaines après sa sortie de charge, le bâtonnier rendait compte par-devant une commission des deniers dont il avait eu l'administration. Enfin quand les affaires de la Confrérie le requéraient, on nommait un conseil ou bureau pour les diriger, sauf à en référer dans les cas d'importance.

Telle fut, non pas peut-être dès l'origine, mais à la fin du XVI⁰ siècle, l'organisation des Avocats de la Confrérie de Saint Yves. Leur histoire depuis 1553 jusqu'à 1608 semble ne pas avoir présenté beaucoup de faits saillants; on voit seulement dans une requête adressée aux Archiducs, que la plus grande partie des deniers provenant soit des cotisations, soit des réceptions, avait été appliquée par eux à l'Eglise des Jésuites, au couvent des Cordeliers, à des réparations de la grande Eglise, et enfin à une fondation de messe pour le jour de Saint Yves (1).

(1) Voyez aux preuves, n° 3. — D'un extrait tiré du livre des délibérations de la Confrérie, il

L'époque du miracle de Faverney, qui est celle où la prospérité de la ville de Dole commence à atteindre son plus haut degré, et où les grands corps dont elle était le siége apparaissent avec tout leur développement, nous montre aussi la Confrérie des Avocats nombreuse et influente. Le chiffre de ceux qui s'étaient fait inscrire sur son tableau dépassait soixante et quinze ; et cependant il était loin de comprendre les noms de tous ceux qui fréquentaient les auditoires de la Cour et du Bailliage. Mais il leur manquait encore quelque chose d'essentiel à toutes les Confréries de ce temps, une chapelle pour s'y assembler et y avoir leur sépulture. Ils avaient dédaigné l'Eglise des Cordeliers, où les Procureurs érigèrent la leur (1570-1579) ; ils ne voulaient en avoir une qu'en l'Eglise paroissiale, pensant que cela importait à l'honneur et à la dignité de leur corps ; mais il ne s'était présenté aucun moyen d'en acquérir, jusqu'à ce que le don d'une des Hosties de Faverney vint leur offrir une occasion telle que la demandait leur dévotion. On va voir qu'ils ne la négligèrent pas.

« Le neufuieme de decembre de l'an mil six cens et huict, ayant esté conuoquez Messieurs les Aduocats à l'issue du roole du matin en

résulte qu'en 1608, le registre ne contenait encore que 55 feuillets d'écriture.

3.

l'audiance de la Court, à l'instance des sieurs
Aduocats Chaumont et Alix à present bastonniers de la Confrerie des dicts sieurs Aduocats, et s'estant retreuués en bon nombre,
leur a esté representé par les dicts sieurs bastonniers que dois bien longtemps la dicte Confrérie auoit faict tout debuoir de treuuer place
en l'Eglise de Dole, affin de construire une
Chapelle pour Messieurs les Aduocats. Néant-
moings jamais l'on n'en auoit peu auoir la
commodité ; mais qu'à ceste heure s'en présen-
toit une très belle occasion, ayant faict entendre le dict Sr Alix, viscomte et mayeur de
la dite ville, qu'il auoit faict faire le pouriet
par ouuriers à ce congnoissans d'une chapelle
pour loger l'Hostie miraculeuse de Fauerney ;
que ce seroit en la place de la sacristie de Messieurs de l'Eglise jusques au bout du cyme-
tière et de la largeur du costé de la Conception et chapelle de Messieurs Vauchard, laquelle debuoit estre fort grande et fort com-
mode pour une si signalée Compagnie que
celle de Messieurs les Aduocats sur lesquels il
auoit jetté l'œil, encoires qu'aucuns particuliers lui auroient faict ceste demande. Pour ce
les prioit d'aduiser s'ils vouldroient entreprendre tel ouurage, de tant plus que desia
il s'estoit asscuré de Messieurs de l'Eglise et
de plusieurs du Magistrat qu'il voyoit disposés
à fauoriser Messieurs les Aduocats, en ce que

les concernoit respectiuement. Et que d'ailleurs il y auroit oultre le grand bien d'auoir
le S. Sacrement en la chapelle des Aduocats,
commodité de faire ung charnier pour la sépulture de ceulx qui n'en auoient point ; et
par une ouuerture qui se feroit du costel du
cœur l'on pourroit veoir et entendre la messe
du grand aultel. Enfin ne voyoit qu'ung peu
de difficulté pour les grands deniers qu'il con-
uiendroit fournir, mais que desia il y auoit
huict cens francs de sobre; que le dict Sr Chaumont et lui fourniroient chacun cent écus pour
se faire quicter du festin qu'ils debuoient ;
Monsieur Guyon auoit présenté à mesme condition cent ecus, Messieurs Constance de Marenches et Sachault chacun d'eulx deux cens
francs, reuenans le tout à deux mil francs, et
que si volontairement ung ou plusieurs vou-
loient faire de mesme, ceste difficulté seroit
entierement leuée, et partant les prioit de ne
laisser échapper si grande commodité. Sur
quoy a esté résolu unanimement que la dicte
Chapelle se feroit, et seroit faicte riche et ornée le plus que faire se pourra. Et au mesme
instant, Monsieur Boyuin a ouffert cent ecus;
par après Messieurs de Saint-Mauris et Jacques
chacun cent ecus ; Messieurs de Mesmay et
Besancenot chacun deux cens francs, et ne se
treuuant personne qui dut rien pour le présent, a esté résolu que si cela ne suffisoit,

l'on choisiroit par après aultant de personnes qu'il seroit nécessaire pour parachever, qui donneroient argent en les exemptant du festin. »

L'assemblée nomme ensuite quelques membres pour s'aboucher avec MM. de l'Eglise et du Magistrat, élit un trésorier qui est le sieur Jacques, puis désigne pour surintendants des travaux qui vont commencer, les deux bâtonniers Chaumont et Alix, avec MM. Coiteux, Guyon, Boyvin et Coinctot.

Le Conseiller Perrenot (1) offre cent écus.

Une réunion annoncée pour le 16 février 1609 ayant manqué à cause du petit nombre de ceux qui s'y rendirent, les Confrères furent

(1) Par sa nomination à des fonctions pour le service du souverain, un avocat cessait de droit de faire partie de la Confrérie, à moins qn'il ne manifestât le désir d'y rester. Cette règle ne s'appliquait pas aux professeurs de l'Université. Hors ce cas, nul Confrère ne pouvait quitter la Confrérie qu'après avoir passé par toutes les charges. Celui qui se faisait expulser était en même temps condamné à en payer l'équivalent. Ce qui ressort surtout de l'histoire de ces Confréries, c'est la rigueur de leur *pacte social*, qui n'est ni moins strict, ni moins sévère que celui des municipalités, sur lequel il semble calqué. Comme les cités, elles ont lois, magistrats, tribunaux, biens, impôts, privilèges, etc.; elles jouissent pour s'administrer d'une liberté semblable.

alors individuellement convoqués par un sergent de la Mairie pour le surlendemain ; « et s'y sont retreuués les cy après denommés à sçavoir : »

« Messieurs Vernerey , le lieutenant Petremand , Thibault procureur fiscal , Chaillot juge de Besançon , Petit , Coinctot , Coiteux , Ligier , Lhoste , le professeur Ozanne , Goubot , Gay , Constance de Marenches , Estienne de Marenches , Alix , Philibert Ozanne , Chaumont aduocat fiscal , Guyon , Jacquot, Drouhot , Boyuin , Drouhaillet , Jacques , Golut , Desprel , Humbert Petremand , Sachault , Besancenot , de St-Mauris , Toytot l'aisné , Franc. Toytot , Jehan Petremand , Claude-Luc Chosal , de Mesmay , Bazan , Girardot , Marrelet , Duchampt. »

« En ceste assemblée a esté resolu en premier lieu qu'attendu les réitérés aduertissements , l'on passeroit oultre aux résolutions nécessaires pour le faict de la dite Chapelle , et à resouldre sur ce qui se mettoit en délibération à ce regard nonobstant l'absence des aultres , comme a esté obserué aux aultres assemblées de la Confrérie cy deuant. »

« Par après a esté resolu que pour fournir aux frais et marchefs de la Ste Chapelle se feroit un fonds jusques à dix mille francs. »

« Que pour y paruenir en cas personne ne se vouldroit offrir volontairement de donner argent pour se redimer du festin, l'on choisiroit jusques à trente Aduocats Confrèrcs qui donneroient chacun deux cens francs en les exemptant du festin dehu aux sieurs Confrères. »

« En suytte de quoy, et après s'estre ouffert volontairement le Sr Drouhot de donner deux cens francs, ce que l'on a accepté, ont esté choisis les suygants qui donneroient argent, à sçauoir Messieurs Borlot, Ligier, Philibert Mairot, le professeur Colard, le professeur Vauchard, Gay, le professeur Duzin, Florimond, Du Chasne lieutenant de Quingey, Philibert Ozanne, Grivelle, Jacquot, Willin de Baulme, Daniel, Bretenois, Ramasson, Girod de S. Claude, Bigeot, Drouaillet, Raclet, Gollut, Humbert Petremand, Pierre Boitouset, Maldisné, Fr. Mairot Sr de Mutigney, de Mesmay, Girardot, Vaucherot l'aisné et Symon Cécille (1); le tout payable es mains du dict Sr Jacques ci deuant choisy recepueur des deniers pour la Ste Chapelle. »

« Daduentage a esté dict que l'on présenteroit requeste à la Court du Parlement pour

(1) Des trente Avocats ainsi imposés, 9 seulement assistaicnt à la séance; ce procès verbal contient donc les noms de 59 Confrères. Si l'on suppose que le sort, qui a dû régler ce choix, soit tombé indifféremment sur les absents et les présents, cela porterait le nombre des Confrères à près de cent.

auctoriser les présentes délibérations, affin de pouuoir auec plus de fondement les mectre à exécution par toutes voies légitimes et raisonnables. »

La Cour approuva en effet, et autorisa ces résolutions par appointement du 26 février 1609.

Pour construire la Sainte-Chapelle au lieu désigné il fallait donc démolir d'abord les deux sacristies de MM. de l'Eglise, et les refaire ailleurs ; obtenir du Magistrat concession du sol de ces sacristies et d'une partie du cimetière, avec permission d'ouvrir le mur de l'Eglise ; s'entendre avec les Confrères de la Conception dont l'autel était précisément contre le mur à percer ; et enfin traiter avec les Commis des Etats de Franche-Comté, dont le cabinet d'archives était placé au-dessus des sacristies. Toutes ces négociations finirent par aboutir, mais non cependant sans quelques petits dissentiments, pour la pacification desquels la Cour voulut bien députer à diverses fois deux de ses membres.

Le Magistrat donna le premier son consentement, le 9 décembre 1608, avant même que la Sainte Hostie ne fût arrivée. Mais l'acte de concession ne fut dressé, et la grosse expédiée qu'en avril 1610, lorsque les travaux étaient déjà fort avancés. Le Doyen, le Chapitre et les Familiers ne s'exécutèrent non plus qu'après la construction de leurs nouvelles sacristies. Ce sont celles d'aujourd'hui. Par leur traité du 6 juillet 1610, ils stipulèrent entr'autres choses que le Chapelain des Avocats serait pris dans le corps de l'Eglise de Dole et non ailleurs; que toutes fondations, soit des Avocats, soit d'autres personnes, qui ne seraient pas faites expressément en faveur du dit Chapelain, leur appartiendraient, et qu'ils auraient une ou plusieurs clefs de la Sainte-Chapelle (1), où ils permettaient, en ce qui les concernait, de déposer la Sainte Hostie.

Le 13 juillet 1610, MM. Claude Outhenin, prieur d'Autrey et premier chanoine de Dole, Guillaume du Tartre, sieur de Parcey et du Boichot, commissaire général des garnisons de Bourgogne, Ferdinande Bereur, capitaine de cent hommes d'armes et Vicomte-Mayeur de Dole, et Claude Fabry, docteur es-droits, tous commis à la garde du cabinet des Trois-Etats du comté de Bourgogne, avec Pierre

(1) En 1619, les sieurs Vénérables de l'Eglise, prétendant avoir droit de passage de leur sacristie en la Sainte-Chapelle, firent rouvrir de leur propre autorité une porte depuis longtemps fermée, et qui mettait ces deux lieux en communication. Les Avocats se plaignirent à la Cour de cette usurpation, et obtinrent en 1620 un arrêt pour faire remurer la porte.

Colard, secrétaire, cédèrent aux Avocats le cabinet où étaient déposées les archives des Etats, à charge d'en construire dans six semaines un autre semblable à une place située en haut, entre la Sainte-Chapelle et les nouvelles sacristies. Les Confrères de Saint Yves ne se pressèrent pas de remplir leur engagement; le lieu désigné ne se trouva pas propice; enfin au bout de trois ans, et sur un ordre exprès du Parlement, ils en firent un au-dessus de la chapelle du sieur Duchamp (1), lequel leur coûta 700 fr. au lieu de 200, comme il avaient compté d'abord. Les Etats auxquels ils présentèrent requête pour être dédommagés de ce surcroît de dépenses, leur dirent de prendre patience à leur tour, et cependant finirent par leur allouer une indemnité.

A l'égard des Confrères de la Conception, dont l'autel se trouvait contre le mur qui fut percé pour donner ouverture à la Sainte-Chapelle, il fut convenu que les Avocats feraient rétablir à leurs frais, et au-dessus de la grille qu'ils devaient placer, une niche renfermant les statues de la Vierge et de Saint Joseph, ainsi que l'inscription de l'autel, et enfin qu'ils

(1) Aujourd'hui celle du Rosaire. — En 1554, il avait été question de déposer dans l'Eglise de Dole le trésor des chartes et titres du château de Grimon sur Poligny.

remettraient autant que possible toutes choses en état. Mais quand il s'agit de replacer l'ancienne inscription ainsi conçue : *Ici est l'autel de la Confrérie de l'immaculée Conception de la Vierge Marie*, les Avocats ne voulurent y consentir à cause de l'équivoque que présenteraient ces mots, s'ils étaient gravés au-dessus de la balustrade de leur Chapelle. Le différend fut porté devant la Cour, qui ordonna que l'inscription serait ainsi modifiée : *ci dessoubz est l'autel*, etc. (1) ; et, de plus, que le tableau de *platte peinture* que les Confrères de la Conception avaient mis sur leur autel, et qui masquait la vue de la Sainte-Chapelle, demeurerait abouché, sauf quand on y célébrerait la messe. (*Arrêt du 15 avril 1614*).

Ici, comme pour l'Eglise de Dole, le nom de l'architecte reste inconnu. Une tradition assez suivie attribue au Président Boyvin, alors simple avocat et membre de la Confrérie, le dessin et le plan de cet élégant monument; mais nous n'avons rien trouvé qui vînt la confirmer (2). Les entrepreneurs furent Hugues

(1) Cette inscription subsiste encore, ainsi que les statues dans leur niche.

(2) Quelques inductions nous feraient croire au contraire que Boyvin ne fut point l'architecte de la Sainte-Chapelle, ou du moins qu'il n'aurait donné qu'un croquis, une simple idée susceptible de recevoir toutes modifications de la part des constructeurs.

le Rupt de Dole, sculpteur et maître-maçon, et Claude Mongin, aussi de Dole. Les Avocats passèrent avec eux un premier marché de 8,000 fr., qu'ils augmentèrent ensuite de 1,300 fr. En 1612, il fallut en passer un second de 3,400 fr., comprenant tout ce qui restait à faire. Claude Voiturier, de Dole, fut contrôleur des travaux. La riche balustrade qui séparait la Sainte-Chapelle de la basse nef, fut confiée à Anatoile Chastel, de Dole, au prix de 26 fr. par chaque barreau. Outre cela, il faut tenir

Dans la délibération rapportée ci-dessus tout au long, et à laquelle Boyvin assistait, le bâtonnier Alix dit qu'il a fait faire un projet par « *ouuriers à ce congnoissans*, » et sans doute il eût employé une autre expression s'il se fût agi de son Confrère. Quelques mois après, en janvier 1610, un différend se produit entre la Confrérie et le Magistrat au sujet de la charpente et de la toiture de la Sainte-Chapelle qui ne raccordaient pas avec celles de l'Eglise, et n'offraient pas aux eaux un écoulement convenable. Les parties prièrent deux anciens confrères, le conseiller Chaumont et l'avocat-général Boyvin, celui-ci de plus ancien membre du Magistrat, de leur servir d'arbitres et de pacificateurs. Ce choix montre assez que Boyvin était resté étranger à la construction ; car la charpente qui est très bien dessinée, et est certainement l'œuvre d'un homme habile, se relie trop au reste de l'édifice pour que l'on puisse admettre plusieurs conceptions distinctes.

compte de la reconstruction des sacristies , de celle du cabinet des Etats , de l'ornementation intérieure , de telle sorte qu'il en coûta à la Confrérie environ 30,000 fr.

La Chapelle fut achevée en 1614 , et consacrée le lundi de la Pentecôte, 19 mai de cette année et jour de Saint Yves , par Ferdinand de Rye , Archevêque de Besançon , qui faisait alors sa visite pastorale , et avait réglé son voyage de manière à se trouver à Dole pour la procession du *Saint-Sacrement de miracle*. La ville lui fit une magnifique réception, dans laquelle les Avocats se distinguèrent pour leur part ; ils avaient à lui marquer leur reconnaissance pour la bonté qu'il avait mise à leur procurer en 1611 une particule des reliques de Saint Yves déposées en l'Abbaye de Saint-Claude , et pour le gracieux empressement avec lequel il avait consenti à faire lui-même cette consécration.

La première liste de souscriptions et impositions n'avait produit que 8,000 fr., somme qui fut bientôt absorbée. En 1610 , on fit une nouvelle imposition partielle de 200 fr. ; en 1612 , on l'étendit à tout le reste des Confrères , de sorte que personne ne demeura plus obligé au festin ; enfin, en 1614 , on porta le prix de réception à 200 fr. Toutes ces résolutions reçurent l'approbation de la Cour. La Confrérie n'en fut pas moins obligée d'emprunter , et ne put éteindre ses dettes que bien longtemps après. Le trésorier, Adam Jacques, se conduisit avec un rare désintéressement ; car s'étant trouvé en avance de plus de 2000 fr. , il se contenta d'une rente de mille fr. en principal, qu'il convertit plus tard en une fondation pieuse de certains honneurs à rendre à la Sainte Hostie.

Cependant les jeunes avocats voyant ce qu'il en coûtait aux membres de la Confrérie , ne montraient plus le même empressement qu'autrefois à se faire recevoir ; et , par là , les frais de la Chapelle retombant sur un plus petit nombre , il était à craindre qu'on ne pût l'achever , ou du moins l'orner convenablement. Les Confrères s'avisèrent alors de solliciter du Souverain quelques priviléges et faveurs pour leur Compagnie , afin d'en rehausser la dignité , et de ranimer le zèle de ceux qui hésitaient à y entrer. Ils demandèrent donc pour chaque Confrère de Saint Yves le *droit d'évocation* de ses causes devant la Cour. L'exercice de ce droit procurait , il est vrai , célérité et économie dans la solution des procès ; mais les Avocats le sollicitaient surtout parce qu'il était honorifique , et qu'il les aurait assimilés aux membres de la Cour , à ceux de l'Université et aux autres officiers du Roi qui en jouissaient à cause de leurs fonctions. Le second point qu'ils réclamèrent fut que « pour auoir quelque

« marque par laquelle leur zèle put estre re-
« cogneu d'avec ceux qui veuillent faire ranc
« à part, il plut à S. A. déclairer que le jour
« de la procession solennelle du Saint-Sacre-
« ment de miracle qui se fait en la ville de
« Dole tous les ans la dernière feste de Pente-
« coste, ils pourront marcher immédiatement
« après le Magistrat comme ils ont coustume
« de faire, sans que les autres aduocats n'es-
« tant de la Confrérie se puissent entremesler
« entre eux soubz prétexte de l'ordre de leur
« réception, et ce pour la dite procession seul-
« lement, et sans le tirer à conséquence. »
L'Archiduc Albert accorda sans difficulté cette
dernière demande, mais il ajourna la première
(9 avril 1612). Les Avocats furent plus heureux
auprès de Philippe IV, qui, en 1644, leur
octroya ce droit d'évocation, mais seulement
quand ils seraient défendeurs en matière person-
nelle. Une cause que nous ignorons les empêcha
de jouir de suite de cette concession ; peut-être
le refus de la Cour d'enregistrer les lettres-patentes ; mais l'année suivante, ils en obtinrent
de nouvelles qui le furent sans difficulté (1).

Il faut convenir que les Confrères de Saint
Yves n'étaient pas fort exigeants, et qu'à ce
prix on pouvait facilement encourager les en-
treprises utiles au public. On sourit un peu

(1) Voyez aux preuves, nos 3 et 4.

maintenant de ce que l'on serait volontiers
tenté d'appeler des puérilités ; cependant en
considérant les choses de plus près , on recon-
nait que ces *hochets de la vanité* ont plus pesé
dans notre histoire que leur légèreté ne le ferait croire d'abord. Chacune des familles , des
classes qui composent la société , tend sans
cesse à élever sa condition , son rang, et ces
rangs se doivent distinguer. Dans les anciennes
municipalités où la vie publique occupait tant
de place , et où les questions de hiérarchie et
de préséance revenaient à chaque instant , c'é-
tait une émulation incessante pour avancer son
rang, pour gagner un pas sur ses rivaux; alors
on étalait avec ostentation ses titres honori-
fiques , ses priviléges, ses exemptions , ses
obligations même ; mais une fois rentré dans la
vie privée, chacun se tenait modestement dans
ses foyers sans chercher à surpasser personne
par un train somptueux , par de riches ameu-
blements , par une table délicatement servie.
Sous ce rapport, les genres de vie des nobles ,
des bourgeois et des artisans n'offraient pas des
différences capables d'exciter la jalousie. Les
demeures seules dénotaient par des signes exté-
rieurs la dignité de ceux qui les habitaient.
La révolution qui a tout nivelé, n'a pu dé-
truire cette loi commune qui nous pousse toujours à nous élever au-dessus de ce que la naissance nous a faits ; mais comme la richesse est

désormais la seule distinction possible des classes, il faut bien montrer, ou du moins faire croire qu'on la possède; de là ce luxe effréné qui nous dévore. Si l'on songe qu'autrefois une procession, comme celle de la Pentecôte, constituait un des grands actes de la vie publique de nos pères, on ne s'étonnera plus que les Confrères Avocats se soient montrés si jaloux d'une préséance dont ils ne devaient jouir qu'une fois dans l'année. En la leur octroyant, le Souverain approuvait solennellement leurs actes, honorait le corps de leur Confrérie, lui donnait une sorte de consécration légale; c'était assez pour leur ambition.

Philippe IV et l'Archiduc Albert ne s'en tinrent pas, disons-le, à ces faveurs peu coûteuses; ils contribuèrent plus effectivement à l'œuvre de la Sainte-Chapelle par un don de 1,200 florins destinés à un Ciboire (1618), et par un autre présent de 800 fr. (1627).

Le premier chapelain des Confrères fut le sieur Lhoste, prêtre familier; il devait dire deux messes par semaine, les lundi et jeudi, à l'issue de la Cour ou du rôle du matin. Il recevait 40 fr. de gages annuels. Outre ces messes, il y avait pour le jour de Saint Yves un office solennel, fondé par la Confrérie en 1602, moyennant 500 fr.

En 1644, les Avocats obtinrent d'avoir en garde une quatrième clef du coffret de la

Sainte Hostie, à condition d'apporter incontinent cette clef, lorsque les trois autres possesseurs seraient d'accord pour ouvrir le coffret,
et ce, sans pouvoir la refuser. On stipula par
le traité que les dons et fondations faits en
considération de la Sainte-Chapelle appartiendraient au Clergé de la paroisse, sans que la
Confrérie y pût rien prétendre, et que par ré-
ciprocité celle-ci aurait, à l'exclusion du Chapitre et de tous autres, la libre disposition des
joyaux et ornements offerts à la Sainte-Chapelle. Evidemment ces articles sont ceux d'une
transaction dont la remise de la clef a dû être
l'appoint.

Les privilèges octroyés à la Confrérie n'a-
vaient pu réparer les vides causés dans ses
rangs par les guerres et la peste de 1636, et le
nombre de ses membres décroissait peu à peu;
mais elle reçut des coups bien plus funestes,
d'abord par l'établissement de la Chambre souveraine de justice à Besançon, puis par le
transport définitif du Parlement dans cette
ville en 1676. Dès lors les Confrères Avocats
ne furent jamais plus de vingt. En vain le
droit de réception fut abaissé de 100 fr. à 50
fr.; en vain l'on déchargea le bâtonnier des
frais du festin annuel et du bouquet dont il
devait orner son bâton le jour de Saint Yves;
toutes ces réformes ne purent attirer dans la
Confrérie qu'une partie des jeunes avocats res-

4

tés à Dole pour fréquenter le Bailliage. Par suite, le zèle des membres demeurés fidèles se refroidit à tel point, qu'en 1687 on résolut de punir d'une amende de 20 livres ceux qui n'assisteraient pas au *pasté*, c'est-à-dire au festin, ou qui défailliraient à porter le poële aux Quatre-Temps, lorsque l'on sortait l'Hostie de la Sainte-Chapelle pour la montrer au peuple.

Enfin en 1697, les Confrères Avocats se voyant réduits au nombre de six, pensèrent à faire ce que nous appellerons leur testament. Ils s'entendirent avec le Magistrat, et lui représentèrent d'un côté les dettes de la Confrérie devenues très lourdes, puisqu'elles retombaient sur un si petit nombre, de l'autre le danger qu'il y avait de voir leur Sainte-Chapelle passer en des mains étrangères pour servir à l'acquittement de ces dettes. Il fallait donc que les sieurs du Magistrat voulussent bien s'incorporer et s'unir à eux (1), et par là ils deviendraient propriétaires assurés de ce monument si précieux pour la ville, participeraient à tous les honneurs et priviléges de la

---

(1) Les avocats avaient cherché d'abord à attirer à eux la Confrérie des Procureurs; mais comme, selon toute apparence, ils voulaient conserver une préséance qui offusquait ces derniers, l'affaire n'eut pas de suite (1697).

Confrérie, et notamment jouiraient du droit de sépulture dans la Chapelle pour eux, leurs femmes et leurs veuves. Le Conseil approuva entièrement ce projet qui parut des plus avantageux; mais à cause des dettes, il fallut avoir l'assentiment des notables. Le 5 février 1698, le Magistrat et les Confrères de Saint Yves passèrent un traité suivant les bases proposées; la ville se chargea de l'entretien des trois lampes fondées en la Sainte-Chapelle (1), et des dettes de la Confrérie montant à 400 fr. Les Avocats réservèrent pour eux et pour ceux qui se feraient recevoir dans la suite, la jouissance de tous leurs privilèges, avec la préséance aux assemblées sur les simples membres du Magistrat, le Bâtonnier et le Vicomte-Mayeur marchant en tête. Ce traité fut ratifié le 15 mars suivant.

En juin 1710, MM. les officiers du Bailliage demandèrent à être unis à leur tour à la

(1) De ces trois lampes, l'une avait été donnée par le comte de Champlitte, gouverneur de Bourgogne, et sa femme, avec 300 fr. pour l'entretien. Le Magistrat avait voué solennellement la seconde pendant le siège de 1636. (Voyez pour ce vœu la *Relation* de Boyvin). La troisième avait été fondée en 1666 par le président Bonvalot, qui fit une rente de 20 fr. pour l'entretenir à perpétuité, comme les deux premières. Les frais annuels de ces trois lampes étaient évalués à 60 fr.

Confrérie de Saint Yves. Depuis longtemps déjà ils en faisaient partie comme simples membres, mais non à titre de corps. C'est ainsi que le lieutenant-général Matherot de la Barre fut bâtonnier en 1688. Le Magistrat agréa leur proposition, à condition qu'ils paieraient le tiers des charges, que le Bâtonnier ne serait pris dans leur compagnie que tous les trois ans, et qu'aux assemblées le Lieutenant et le Mayeur précéderaient tous les autres. Ainsi transformée, la Confrérie cesse à peu près d'exister, sa vie se confond avec celle du corps municipal, et nos archives ne gardent plus sur elle qu'un silence complet.

IV. CULTE DE LA SAINTE HOSTIE.

COMME appendice à l'histoire de la Sainte-Chapelle, nous ajouterons quelques simples mots sur le culte rendu à la Sainte Hostie par les Dolois. La procession du mardi de la Pentecôte en était sans contredit la plus brillante manifestation. Nous l'avons déjà dit plus haut, ces actes de la vie religieuse de nos pères se rattachaient intimement à leur vie publique. Le cérémonial que l'on y suivait était un véritable réglement, observé avec autant de rigueur que les lois fondamentales de la cité. Nul ne pouvait y toucher sans que toute la population ne s'en émût comme d'un trouble

et d'un attentat funeste. Boyvin nous a laissé
un récit vif et animé de ces processions du
Saint-Sacrement de miracle, auxquelles on se
préparait si longtemps d'avance, et où chacun
rivalisait de zèle pour en accroître la pompe
et la dignité (1). Elles déchurent beaucoup de
leur splendeur, quand on cessa d'y voir paraître les illustres corps du Parlement et de
l'Université qui en rehaussaient si bien l'é-
clat. Elles continuèrent toutefois jusqu'à la révolution d'attirer un nombre considérable d'é-
trangers ; mais dans les derniers temps le
plaisir y entrait au moins autant que la dévotion, et c'est ainsi que cette fête s'est transformée peu à peu en ce que nous la voyons aujourd'hui.

L'exposition et l'adoration de la Sainte-Hostie se firent pareillement jusqu'à la fin du

(1) A plusieurs reprises, la procession de la
Pentecôte donna lieu à divers incidents assez caractéristiques des mœurs du temps. Ils se rap-
portent surtout aux rangs et à la préséance reven-
diqués par certains personnages, à la distribution des
flambeaux que le Magistrat donnait en cette occasion à tous ses membres, à la désignation de ceux
qui auraient l'honneur de porter le poële ; (c'était
de règle le Mayeur en charge avec les trois plus anciens Mayeurs) ; au commandement de la milice
bourgeoise qui accompagnait le Saint-Sacrement,
etc. Le détail en est trop long pour qu'on l'insère ici.

siècle dernier, aux époques fixées en 1609 par MM. de l'Eglise et du Magistrat. Pour l'adoration, le célébrant offrait à baiser aux assistants le pied de l'ostensoir qui renfermait l'Hostie; les membres du Magistrat et tous ceux qui étaient attachés au service de la ville se présentaient les premiers, puis venait le reste du peuple. A deux reprises le Clergé voulut apporter des modifications à cette cérémonie. En 1617, il prit une délibération pour refuser à l'avenir de montrer l'Hostie. Le Magistrat en porta plainte à l'Archiduc, qui écrivit à ce sujet à MM. de l'Eglise. Ceux-ci persistant dans leur décision, on s'adressa au légat du Pape à Bruxelles, qui commit l'Archevêque de Besançon (1), et sur son refus, l'Official de ce diocèse pour juger l'affaire. Le Chapitre fut condamné à observer l'usage suivi jusqu'alors.

En 1767, MM. de l'Eglise dirent qu'ils ne donneraient plus l'Hostie à adorer, à cause des désordres et des scandales qui se faisaient à cette occasion. Des sommations eurent lieu, et un procès allait s'engager. Une transaction ter-

(1) Le Chapitre de Dole n'était point soumis à la juridiction de l'Archevêque de Besançon, mais relevait directement du Saint-Siége; voilà pourquoi il fallut l'intervention du légat pour que l'Official pût connaitre de l'affaire.

mina heureusement ce débat qui avait excité beaucoup de rumeurs dans la population.

On devine aisément avec quelles minutieuses précautions se conservait un trésor auquel les habitants attachaient tant de prix. La Sainte Hostie était renfermée d'abord dans un tabernacle à double porte, garni de solides armatures, et dont les clefs reposaient entre les mains du Magistrat. Ce tabernacle contenait le coffret qui fut d'abord à trois serrures, puis à quatre, et enfin à cinq (1) ; on sait que les clefs en étaient partagées par moitié entre le Magistrat et le Clergé. Mais tous ces soins ne pouvaient défendre les saintes espèces de la dissolution physique qui les atteignait peu à peu. En 1648, une commission composée d'ecclésiastiques, du Président de la Cour, du Mayeur et du bâtonnier des Avocats, fut chargée d'en vérifier l'état matériel. On reconnut avec douleur qu'une larve d'insecte avait rongé et découpé l'Hostie dans une grande partie de son pourtour, et en avait détaché de notables parcelles. Pour remédier autant que possible à cette destruction, on en appliqua les débris sur une lame de cire détachée du cierge pas-

(1) Il y a eu au moins trois coffrets, ce qui peut accorder les prétentions de ceux qui disent posséder le *véritable coffret de la Sainte Hostie*. Le dernier à cinq serrures, honteusement mutilé, est encore déposé à la Mairie.

cal ; puis , comme il était à craindre que la présence réelle ayant cessé d'avoir lieu dans l'Hostie à cause de la décomposition des espèces , les honneurs qu'on avait coutume de rendre au Saint-Sacrement ne s'adressassent qu'à un objet incertain , on adapta à l'ostensoir ou ciboire qui la renfermait une petite lunette d'or pour y placer une hostie consacrée. On dressa un procès verbal du tout, pour que personne dans la suite ne soupçonnât de fraude ni de supercherie dans l'altération de la Sainte-Hostie (1).

Quand le Magistrat fut devenu propriétaire de la Sainte-Chapelle , il s'occupa d'en compléter l'ornementation que les Avocats n'avaient pu achever selon leurs plans. C'est alors que l'on revêtit de marbre le sanctuaire, et qu'on éleva l'autel et le tabernacle actuels. Les engagements pris avec les Confrères de Saint Yves furent religieusement tenus , et ce n'est pas sans quelqu'émotion qu'on retrouve, à la date du 5 mai 1790 , un marché pour l'entretien des lampes de l'Eglise et de la Sainte-Chapelle. Ce devait être un des derniers actes de ce culte enthousiaste, que les Dolois conservèrent pour la Sainte Hostie jusqu'aux jours de la révolution. Quelques mois plus tard, ils voyaient , en silence , anéantir ce que si

(1) Voir aux preuves, 5.

peu de temps avant ils proclamaient encore le joyau le plus précieux de leur ville (1).

V. CONCLUSION.

TELS sont les principaux documents qu'il nous a été donné de recueillir. Nous croyons ne pas nous être trompé en affirmant que l'histoire de cette cité pouvait presque se résumer autour des monuments religieux qui ont fait l'objet de cette notice. N'est ce pas là , en effet, qu'il faut aller chercher celle de toutes ces Confréries et Corporations qui ont exercé une

(1) Plus heureuse que celle de Dole, l'Eglise de Faverney a pu recouvrer après la révolution son Hostie miraculeuse , qui avait été remise avec les objets du culte à la municipalité où elle resta serrée dans une petite boite de sapin , avec les autres hosties consacrées, et enveloppée d'un simple morceau de papier. Un procès verbal en constata l'identité lorsqu'elle fut rendue. Elle est dans un état à peu près satisfaisant de conservation. On continue à faire le lundi de la Pentecôte la solennité commémorative qui attire toujours un grand concours de peuple. La Confrérie de la *Sainte Hostie,* érigée à Faverney en 1609 , et à laquelle s'affilièrent les principaux personnages de la province, s'y est perpétuée jusqu'à nos jours, et compte encore un nombre considérable d'associés.

(*Note communiquée par M. le Curé de Faverney.*)

4.

si puissante influence sur les mœurs d'autrefois, quoique plusieurs nous aient à peine
transmis leurs noms? Mais ces noms n'attes-
tent-ils pas d'une manière irrécusable la pensée
qui leur avait donné naissance (1)? Ce n'est
qu'à l'Eglise qu'elles ont une existence publique; ç'est seulement aux processions, aux
solennités du culte qu'il leur est permis de re-
vendiquer un rang, une place parmi les autres
corps de la cité. C'est à l'Eglise qu'elles ont
reçu leurs statuts, qu'elles ont juré de les gar-
der fidèlement; c'est là qu'agenouillé sur la
tombe de son père et de son aïeul, ses devan-
ciers dans la Confrérie, chaque nouveau membre a prêté serment de continuer les traditions
de concorde et de mutuel dévouement. Enfin,
s'il reste encore aujourd'hui quelque trace de

(1) Toutes les corporations de métiers n'étaient
que des Confréries placées sous l'invocation d'un
patron; les messes que les artisans de même profession font célébrer encore aujourd'hui, sont un
reste de ces anciens usages. L'enrôlement dans une
Confrérie accompagnait aussi la réception de chaque membre dans certaines associations, d'ailleurs
purement civiles ou militaires; ainsi les Cheva-
liers de l'Arc devaient, d'après leurs statuts, se
faire inscrire, aussitôt après leur admission, dans la
Confrérie de Saint Sébastien. On voit par là combien
la religion dominait et pénétrait alors toutes les ins-
titutions.

leurs œuvres, il la faut chercher dans les murailles de cette même Eglise dont leur zèle et leurs aumônes ont rendu possibles la construction et l'achèvement ; il faut la lire dans ces chapelles, sur ces piliers qu'elles ont élevés à leurs frais, et où elles ont placé leurs autels.

Sans doute l'hôtel-de-ville revendique une part honorable des affections et des mœurs du temps ; il a vu des luttes animées ; il a entendu tantôt les volontés calmes et réfléchies du peuple, tantôt les cris des passions populaires ; là ont été proclamés les privilèges, les franchises et l'indépendance de la cité ; là s'assemblait le collége de ses doctes et sages magistrats. Mais comment séparer de son histoire celle du temple, qui, plus que tout autre lieu, nous redit les douleurs, les joies, les émotions de nos pères? De combien de gémissements publics et de cantiques d'actions de grâces n'a-t-il pas retenti tour à tour? A quel événement heureux ou triste ses voûtes ne se sont-elles pas émues? Quelle délibération importante a-t-on prise sans s'y être auparavant réuni pour implorer l'assistance du Très-Haut? Lorsque la peste sévissait dans nos murs, que les armées ennemies campaient devant nos remparts, n'était-ce pas là que le Magistrat et tout le peuple venaient par un vœu solennel retremper leur courage et ranimer leur confiance ?

Le Ciel qui a doté notre époque de si fécondes inventions, et lui a mis en main des leviers si puissants, semble par revanche lui avoir retiré cette énergique vitalité qui se traduisait jadis en ces étonnantes cathédrales semées par le moyen âge dans toute l'Europe ; et notre génération qui ne subsiste que par l'équilibre de ses budgets, n'est plus en état d'imiter la sublime imprévoyance des architectes de nos vieilles églises. S'il ne nous est plus permis aujourd'hui de lancer dans les airs ces voûtes hardies et ces flèches si prodigieuses de légèreté et de grâce, sachons du moins conserver ce qu'ils ont su créer. Sans doute l'Eglise de Dole ne peut, sous le rapport de l'art, se placer à côté des chefs-d'œuvre du XIIIe siècle; mais elle les égale par la vivacité des croyances, par le patriotisme et le dévouement dont elle est comme eux une noble expression. Puisse donc l'œuvre élevée au prix des sacrifices et des sueurs de nos aïeux rester toujours l'objet de notre sollicitude ! Leurs demeures nous ont paru trop étroites et trop mesquines, et nous en avons dédaigné la modeste simplicité ; oserions-nous trouver leurs temples trop beaux et trop vastes, quand il s'agira de les entretenir et de les orner ?

PREUVES.

I. EXTRAIT DU TRAITÉ D'ACQUISITION DU SOL
DE L'ÉGLISE.

(24 *décembre* 1508).

A tous ceux qui ces présentes lectres verront
et ourront salut. Nous Symon Vurry, docteur,
doyen de l'Eglise collégialle Notre Dame de Dole ;
Jacques Forot, bachelier en decret, chanoine de
la dicte Eglise et chappellain de la chappelle Sainct
Anthoine fondée en icelle, chacun en tant qu'il luy
touche, d'une part; Et Eustace du Champt mayeur,
Guillame Drouhot, Claude du Champt et Pierre le
Ciergier escheuins de la dicte ville d'aultre part ;
Sauoir faisons : Comme pieça par nos predecesseurs
doyen, chanoines, chapitre et familliers de la dicte
eglise, et par les jadis mayeur, escheuins, conseillers, habitans et communaulté du dict Dole ;
Considérans icelle eglise estre très ancienne, ruy-
neuse, et non souffisante pour y accueillir et recepuoir lé peuple y affluant et ressortissant pour la
culture et exercice du diuin seruice y deu et ac-
coustumé faire, et pour autres bonnes causes, eust
esté aduisé, conclu, et deliberé faire et édiffier de
nouuel au dict Dole une église neufue ; et icelle
faire, asseoir, comprendre, et construire en lieu
à ce propice, ce que des lors fut entreprins et
commencé faire dedans le meix et jardin du dict

doyenné par le consentement du lors doyen ; dont le tout cessa au moyen de la destruction de la dicte ville aduenue par les guerres passées ; Et il soit que puis naguéres les choses dessus dictes ramenées à mémoire , et pesées par nous et autres gens d'église et de la dicte ville veans et congnoissans que la dicte ancienne eglise a esté brulée , et quasi du tout mise en désolation par les dictes guerres , en maniere que bonnement ne peult estre reparée , ne mise en deu estat pour satisfaire à ce que dessus ; Ait esté de rechef conclu , et par commune oppinion deliberé d'entreprendre et commencer faire eglise neufue , pour icelle paracheuer au bon plaisir et louange de Dieu le Créateur , et à l'honneur de sa glorieuse Mère la Vierge Marie ; et pour choisir et eslire place à ce conuenable , aient esté commis et depputés gens notables et ouuriers en ce congnoissans , qui par ensemble et d'un commun accort , ont dit que bonnement , tant pour le respect de souleil leuant que commodité du lieu et place , Mieulx ne se pourroit faire ne asseoir que à commencer le bout d'amont pour le cueur et continuer la dicte eglise sur le meix du dict doyenné , en venant du trauers de la vieille eglise et oultre , se metier est , pour autant que besoing sera : Ainsi est que nous les dictes parties et chacun de nous par tant qu'il luy touche ; Désirans affectueusement l'effect de ce que dict est , Considerans nous le dict doyen la desolation et ruyne du dict meix de notre doyenné au moyen des dictes guerres et que difficile serait le remaisonner.... Avons traité conuenu et accourdé , etc.
Suit le traité dont la teneur est relatée, p. 11.

II. TRAITÉ ENTRE LE SIEUR REVEREND ABBÉ DE FAVERNEY ET LA VILLE DE DOLE POUR LA CONCESSION D'UNE DES DEUX HOSTIES MIRACULEUSES.

(18 *décembre* 1608).

Comm' il soit que les sieurs Viscomte Mayeur, Escheuins et Conseil de la Ville de Dole, aduertiz de l'insigne miracle aduenu en deux hosties consacrées et miraculeusement conseruées parmy les flammes et le feug suruenu en l'Eglise de l'Abbaye Notre Dame de Fauerney, le vingtcinquieme de may de l'an présent mille six cens huict, icelluy miracle publié et promulgé de l'auctorité de Monseigneur le Reuerendissime Archeuesque de Besançon, après dehue perquisition et examen authenticque sur ce pris, mehus de grande déuotion, auroient plusieurs fois prié fort instamment Reuerend sieur Dom Alphonse Doresmieulx, prieur de St. Vast d'Arras et Abbé de la dicte Abbaye, leur accorder l'une des dictes Hosties miraculeuses; Et à cest effect des principaux de leur College faict diuers voyages deuers luy, duquel ils auroient tiré response pleine de sa bonne volonté à l'endroict du général et particulier de la dicte ville, à laquelle desirant enfin le sieur Reuerend Abbé donner contentement, et se conformer à ce qu'il auroit pleu à son Altesse Serenissime et à la Cour Souueraine du Parlement à Dole luy en escrire en faueur et à la requisition de la dicte ville, et pour plusieurs aultres bons respects à ce le mouuans, Mesmes à fin que le dict Sainct Sacrement soit auec plus de seurté conserué en la dicte Ville capitale de la Pro-

uince, à la plus grande gloire et honneur de Dieu
et de notre Saincte Foy et Religion Catholicque,
qu'il ne pourroit estre en la dicte Abbaye frontière
du pays, et d'où il pourroit estre enleué par le
moindre accident de guerre, A de sa pure et bonne
volonté accordé l'une des dictes Sainctes et miraculeuses Hosties à la dicte Ville de Dole, Et en
souuenance d'un si grand benefice, Constitué en
sa personne Messire Jean Baptiste Alix docteur es
drois, Viscomte et Mayeur de la dicte Ville au
dict nom et comme procureur spécial, et par
vertu de procurations spéciales que seront cy après
inscrées des sieurs Eschevins, Conseil et Notables
de la dicte Ville, A promis en presence des notaires et tesmoins soussignez

Que la dicte Hostie s'appellera l'une des Hosties
miraculeuses Notre Dame de Fauerney, et que les
liures qui se pourroient imprimer des miracles qui
seroient faicts à Dole, comme aussi les Confréries
qui se dresseront à l'honneur de ceste Saincte Hostie, et les Indulgences, s'intituleront et auront
toujours ceste qualité de l'une des Hosties miraculeuses de Fauerney.

Que en l'Eglise Abbatiale de Fauerney, et en
celle de Dole, sera mis par les dicts sieurs Mayeur,
Eschevins et Conseil de la dicte Ville, un marbre
auquel sera escrit en lettres d'or le transport et
Concession de la dicte Hostie miraculeuse faicte en
la dicte Ville de Dole par le dict sieur Reuerend
Abbé, à fin de perpétuelle mémoire (1).

(1) Nous voulions rapporter ici cette inscription qui
est écrite en latin et d'un style assez ambitieux. Comme
elle est un peu longue, et d'ailleurs n'apprend aucun
fait nouveau, nous y avons renoncé.

Que pour la procession qui se fera annuellement
le plus prochain dimanche auant le vingt cinquieme
de may , ils inuiteront le dict sieur Abbé de Fauerney et ses Successeurs Abbés , titulés residans en
la dicte Abbaye , pour porter la dicte Saincte Hostie , avec sa Mitre et Crosse , et ne s'y treuuant le
dict sieur Abbé , le Sr Reuerend Doyen de Dole ou
aultre la pourra porter en sa place.

Que les indulgences , priuileges , préeminences ,
et aultres droits qui s'impetreront de Sa Saincteté
en contemplation de la dicte Saincte Hostie , s'impetreront aussy pour celle qui restera à Fauerney ,
remettant touteffois les dictes Indulgences en diuers temps.

Et pour perpetuelle souuenance d'un si grand
benefice receu par la dicte ville de Dole , le dict
Sieur Viscomte et Mayeur au dict nom , a fondé
une messe à haulte voix , qui se dira chacun an à
diacre et soubsdiacre par les dicts Sieurs Religieux
en la dicte Abbaye au dixhuictieme de decembre ,
jour auquel la dicte Hostie miraculeuse leur auroit
esté déliurée , delaquelle sera faicte mention aux
dicts marbres , pour la dotation delaquelle le dict
Sieur Mayeur au dict nom , a promis de payer au
dict jour tous les ans aus dicts Sieurs reuerend
Abbé et Religieux de la dicte Abbaye , le dict Sieur
Abbé , don Jean Sarron prieur , Jean Garnis sacristain , Nicolas Clamey , Pierre Rouhier , Nicolas
Noiron , et Prudent Chalon tous prêtres et Religieux de la dicte Abbaye , presens stipulans et ac-
ceptans , la somme de douze liures reachetables pour
deux cens francs , et moyennant ce , ils se sont obli-
gés pour eux et leurs successeurs à la desserte de
la dicte fondation à perpétuité.

.Et procurcront les dicts sieur Mayeur, Escheuins
et Conseil de la dicte ville, que ce que dessus soit
appreuué et emologué par Sa Saincteté ou par l'Ordinaire.

Ce que dessus stipulé et accordé entre les dictes
parties même par le dict sieur Alix ou dict nom
soubz promesse d'auoir le tout pour aggréable et
d'obligation de tous et singuliers les biens de la dicte
ville que le dict sieur Mayeur a obligé et ypothéqué
pour l'entier accomplissement du present traicté; et
par serment par luy donné et touché corporellement
sur et aux Saincts Euangilles de Dieu estans es
mains de Pierre le Maire, Secretaire de leurs Altesses Serenissimes et Commis au Greffe de la dicte
Court, renunceans à toutes exceptions aux présentes
contraires. Faict et passé en la maison Abbatiale et
Chambre du dict sieur Reuerend Abbé, le dixhuic-
tième jour du mois de decembre l'an mille six cens
et huict, heure de sept du matin; présens nobles
messire Loys Chaillot docteur es drois, Juge pour
leurs Altesses en la Cité Impériale de Besançon, Ferdinande Bereur, Capitaine d'une compagnie de cent
hommes d'armes pour leurs dictes Altesses, Constantin Thiebault sieur de Perrecey et procureur
substitué en la dicte Court, Guillaume Guyon docteur es drois Lieutenant local au Bailliage et siege
de Dole, François Goubot procureur postulant en
la dicte Court, Messires Pierre Vaulchard et Jacques Duzin professeurs royaux en notre mère l'U-
niversité de Dole et plusieurs aultres s'estant en
bas soussignez. Ainsi signé sur l'original Alphonse
Doresmieux, Abbé esleu de Fauerney, Sarron,
Garnis, Royer, Noirot, Pr. Chalon, Clamey, J. B.
Alix, Loys Chaillot, Ferd. Bereur, Thiebauld, P.

Vauchard, Guillaume Guyon, Goubot, Ja. Dusin, J. de Sainct Mauris, Philibert Froissard, J. Vaucherot, Besancenot, Florimond, Simon Cecille, F. Marrelet, Jean Daumont, J. Drouaillet, E. Pierre, J. Gosius, et comme ayant receu le present traicté P. le Maire.

Suivent les procurations.

Le Jeudy dixhuictieme jour du mois de decembre l'an mille six cens et huict, Reuerend Sieur Dom Alphonse Doresmieux, prieur de Sainct Vast d'Arras, et Abbé de l'Abbaye Notre Dame de Fauerney, désirant obeyr aux commandemens de Son Altesse Serenissime, se conformer à ce que luy a esté escrit par la Court Souueraine de Parlement à Dole ; satisfaire aux pieux et sainets désirs des sieurs Reuerends et Venerables Doyen, Chanoines et Chapitre, et Familliers de l'Eglise Collégiale Notre Dame de Dole, Viscomte, Escheuins et Conseil de la dicte ville, et pour plusieurs aultres bons respects à ce le mouuans, du gré et consentement de Dom Jean Sarron grand prieur en la dicte Abbaye, Jean Garnier, sacristain, Nicolas Clamey, Pierre Roubier, Nicolas Noirot, Prudent Chalon, tous prêtres et Religieux en la dicte Abbaye, Nicolas Brenier et Jean Maillard nouices en icelle, apres auoir dict la messe à haulte voix au grand autel de la dicte Eglise Abbatiale, A mis es mains de Reuerend Sieur Edmond Boutechoux, docteur en decret, doyen en l'Eglise Collégiale N. D. de Dole, et premier Conseillier Ecclésiastique en la dicte Court, pour et au nom de la dicte ville, en suitte des articles ce jourd'huy accordés entre les dicts Sieurs Reuerend Abbé et Religieux, et Messire Jean-Baptiste Alix, docteur es drois, Viscomte et

Mayeur de la dicte ville de Dole, icelluy Sieur
Mayeur cy présent, l'une des Hosties miraculeuses
conseruées parmy les flammes et le feug. suruenu
en l'Eglise de la dicte Abbaye, le vingtcinquieme
de may de l'an present mille six cent huict, et demeurées suspendues en l'air avec le Ciboire par
enuiron trente trois heures sans aucun support,
fors de la vertu diuine, icelluy miracle promulgé
et publié de l'auctorité de Monseigneur le Reuerendissime Archeuesque de Besançon, apres dehue in-
formation et examen authentique ; lequel sieur Reuerend Doyen, après auoir adoré en toute deuotion
et humilité le dict Sainct Sacrement, et remercié
en son nom et de la dicte ville le dict Sieur Reuerend Abbé, a resserré la dicte Saincte et miraculeuse Hostie dans une tres belle boitte, puis en une
caisse proprement enrichie, fermant à trois clefs,
et tost après porté icelle sur une littiere richement
ornée, et amenée de la Ville de Dole pour la conduite de si précieux et miraculeux trésor. Ce que
je Pierre le Maire, Secretaire de leurs dictes Altesses, et commis au Greffe de la dicte Cour, at-
teste en vérité ; et afin de perpetuelle mémoire, ay
expédié le present acte le dixhuictieme decembre
mille six cens huict, enuiron les dix heures du matin ; En presences de Messires Charles de Montfort,
baron et sieur du dict lieu, Chevigney, St Ylie,
etc. ; Ermanfroy François d'Oyselay, baron et sieur
du dict lieu, Oricourt, etc., Cheualiers en la dicte
Cour ; Claude Froissard, docteur es drois, Prieur
de Fay, Lauaux, etc., Chanoine en l'Eglise me-
tropolitaine de Besançon, et Conseillier Ecclesias-
tique en la dicte Cour, tous trois par elle Commis
pour assister au present acte et conduicte de si hault

et sublime Sacrement : Noble Constantin Thiebault, sieur de Perrecey, procureur substitué de
leurs dictes Altesses en ce pays et comté de Bourgogne ; Messires Jean Broccard, Claude Piccard,
Antoine Jacquot, docteur es drois, Antoine Labo-
rey et Antoine Gay, docteur en Saincte Théologie,
et premier professeur en la dicte faculté en notre
mère l'Université de Dole, tous prestres et chanoines
en la dicte Eglise Collégiale Notre Dame de Dole ;
Messires Nicolas Perrin, Pierre Jobert, Jean Pucin,
et Estienne Bonualot, aussy prestres et Familliers en
la dicte Eglise : Messires Pierre Vauchard, docteur
es drois, et Jacques Duzin, aussi docteur es drois,
professeurs royaux en notre dicte mere l'Université,
Constant Chifflet aussy docteur es drois et professeur
ordinaire en icelle, Commis députés de la part de la
dicte Université : Nobles Poncet Barrillet, Conseillier de leurs dictes Altesses, et maitre en leur
Chambre des Comptes à Dole ; Alexandre Victot,
aussy Conseillier de leurs dictes Altesses, et auditeur en la dicte Chambre, par elle ceste part deputez : Messire Loys Chaillot, docteur es drois, juge
pour leurs dictes Altesses en la Cité impériale de
Besançon ; Noble Ferdinande Bereur, Capitaine
d'une compagnie de cent hommes d'armes pour le
seruice de leurs dictes Altesses, Constance et Estienne
de Marenches, Guillaume Guyon, docteur es drois,
lieutenant local au Bailliage et siege de Dole, François Goubot, procureur postulant en la dicte Court,
Simon Cecille et Jean-Baptiste de Sainct Mauris,
docteurs es dits drois, Conseilliers au Conseil de la
dicte Ville de Dole et d'icellay ceste part deputez ;
Jacques Drouaillet, docteur es drois, Jean-Baptiste Gollut, Humbert Petremand, Guy Vaucherot,

Estienne Aubertin, tous docteurs es dits drois, Estienne Pierre, postulant en la dicte Court, et plusieurs aultres tant de la dicte Ville de Dole, Fauerney, qu'aultres lieux circonuoisins, s'estant ici la pluspart soubzsignez.... *Signé* Le Maire.

Copié sur la grosse en parchemin reposant aux Archives de Dole.

III. REQUÊTE PRÉSENTÉE AUX ARCHIDUCS ALBERT ET ISABELLE PAR LES AVOCATS DE LA CONFRÉRIE DE S. YVES.

(15 *janvier et* 9 *avril* 1612).

Remonstrent humblement les Aduocats de la Court souueraine de Parlement à Dole estant de la Confrérie Monsieur S. Yves leur patron, que pour tesmoingner la grande joie qu'ils receurent avec tout le reste de la ville de Dole, lorsque, par le moyen de V. A. S. la dite ville eust le bonheur d'obtenir du Sr R. Abbé de Fauerney l'une des hosties miraculeuses de son monastère, ils se resolurent de bastir une chapelle à leurs frais pour y loger ce très auguste et très précieux Sacrement; de manière qu'après en auoir obtenu la permission tant des sieurs du Clergé que du Magistrat, avec la concession des places nécessaires, ils commencèrent incontinent mettre la main à l'œuure, et y ont toujours depuis continué avec telle déuotion qu'ils y ont jà despensé près de dix huict mille florins, combien qu'ils soient en assez petit nombre de personnes lesquelles y puissent contribuer, parce que auparauant plusieurs autres de leur dite

Compagnie y auoient fait leur tour en la dite Confrérie, et auoient contribué pour leur contingent
en autres œuures pieuses esquelles la dite Confrérie s'estoit résolue tant pour l'édiffication de l'E-
glise des R. P. Jesuistes, celle du couuent de S.
François, pour quelque réparation de la grande
église de la dite ville, que pour certaine fondation
solemnelle qu'ils y ont fondée et quelques autres
choses semblables ; et pour maintenant ils se treuuent fort empeschés de paracheuer à fornir aux
ouurages nécessaires qui sont encore de plus de six
mille florins, si ce n'est que par le moyen de V.
A. S. ils recoipuent quelqu'ayde et secours à un si
bon ouvrage. Pour ce ils sont occasionnez recourir
à Elles, et les supplier comme ils font humblement
qu'il leur plaise user enuers eux de quelque libéralité, leur ouctroyant quantité de cuyure de leurs
mines du Chateau-Lambert estant au Conté de
Bourgogne, pour ayder à faire les ballustres qu'il
conuient faire en deux ouuertures de la dite Chapelle pour entrer en la dite Eglise, de quoy ils ne
pourront estre quictes pour deux mille florins. Et
comme pour la terreur des dits frais et payement
des debtes que les dits supplians ont esté contraints de faire pour telle entreprise, ils se sont
donnez garde que plusieurs jeunes Aduocats qui
des lors sont arriués au Barreau ne se sont mis de
la dite Confrérie, selon qu'auparauant ils souloient
faire ; Les dits supplians prennent occasion de supplier humblement V. A. S. de leur vouloir octroier
quelque priuilége pour y attirer les autres Aduocats, affin que non seulement ils puissent paracheuer la dite Chapelle, mais encore l'orner et enrichir daduantage. S'est qu'il plaise à V. A. S. leur

octroier le droict d'euocation de leur cause en
première instance par deuant la dicte Court, et
que pour auoir quelque marque par laquelle leur
zèle puisse estre recogneu d'avec ceux qui veuillent faire renc à part, il lui plaise déclairer que le
jour de la procession solemnelle du S. Sacrement
de miracle qui se fait en la dite ville tous les ans
la dernière feste de Pentecoste, ils puissent marcher
immédiatement après le Magistrat comme ils ont
coustume de faire, sans que les autres Aduocats n'estant de la d. Confrérie se puissent entremesler entre
eux soubz prétexte de l'ordre de leur réception, et ce
pour la dite procession seullement, et sans le tirer
à conséquence. A quoi VV. AA. SS. inclineront
de tant plus s'il leur plait, qu'il ne leur vat aucun
preiudice ni au publique. Parce que au regard du
dit droict d'euocation ils ont fort rarement des
procès, si que la dite Court n'en peut estre beaucoup dauantage occupée ; joint qu'ils sont tousjours
emploiés aux affaires de justice pendants par deuant la d. Court de laquelle ils sont suppóts, et
ne peuuent bonnement estre distraicts sans inte-
rests publicques à aller plaider hors de la dite
ville. Et quant à l'autre point, outre qu'il est de
trop petit preiudice, il ne restera qu'aux autres
Aduocats de jouir des mesmes priuiléges. Ainsi
V. AA. SS. seront cause d'un grand bien et
parachevement d'un tel ouurage et augmentation
de la deuotion des dits supplians, et de plusieurs
autres qui s'esuertueront à faire quelque chose en
l'honneur de Dieu en la dite Chapelle, et ils prie-
ront Dieu perpetuellement pour la santé et prospérité de V. AA. SS.

En marge est écrit : Renunceans au premier

poinct, les supplians se pouruoyeront es suiuans. Sur le surplus soit eu l'aduis de ceux du Parlement de Dole. Fait à Bruxelles le 15e de januier 1612.

Appointement : Veue cette et l'aduis rendu sur icelle, S. A. déclaire que le jour de la procession... *Le reste comme en la requéte.* Et quant au priuilege d'euocation requis par les dits supplians Sa de A. ne treuue convenir pour le present de pourueoir. Faict à Bruxelles ce ixe d'auril 1612. *Signé* Albert, *et plus bas* Delafaille.

IV. LETTRES-PATENTES DE PHILIPPE IV ACCORDANT LE DROIT D'ÉVOCATION AUX AVOCATS DE LA CONFRÉRIE DE S. YVES DE DOLE.

(*Novembre 1644*).

Philippe, etc... sçauoir faisons à tous presens et auenir, Nous auoir receu l'humble remonstrance et requeste de nos chers et bien amés les Aduocats de nre Cour de Parlement à Dole estans de la Confrérie de S. Yues, leur patron, contenant que pour rendre honneur à la Ste Hostie miraculeuse obtenue du Prélat de Fauerney à l'instance de feu nos très honnorez Oncle et Tante les Sermes Archiducqs et apportée en icelle ville de Dole l'an 1608, ils auroient prins resolution de bastir à leurs fraiz une somptueuse chappelle où repose ceste Ste Hostie, à la confection de laquelle ayant depensé enuiron trente mil francs et contribué à leur possible de leurs propres deniers, auroient esté contraincts de venir aux empruncts et passé diuerses rentes dont ils se treuuent à present chargés, et ne voyent

5

aucun moyen de s'en faire quittes, attendu que
les Aduocats la pluspart ruynés par les guerres,
craignans de s'engager à telles dettes et aux inté-
rests en grossissans de jour à autre, ne se veuillent plus mettre en ceste Confrérie qui profiteroit
par la somme que chasque Aduocat est accoustu-
mé de donner à sa reception en icelle, de sorte que
pour n'estre contraincts de vendre leur dite Chapelle pour satisfaire aux debtes de la mesme Confrérie, et afin d'inuiter les Aduocats d'y entrer, il
seroit requis de procurer quelques aduantages à
ceux qui s'y feront receuoir, comme seroit le droit
d'euocation à n^{re} dit Parlement de toutes les causes
en premiere instance qu'ils pourroient auoir tant
en demandant qu'en defendant, pour lequel les
remonstrans nous ont très humblement supplié en
consideration que la pluspart des dits Aduocats
estant nos Officiers ou fils de Conseilliers l'ont desjà,
et que le nombre de ceux de ceste profession estant
notablement diminué par les pestes et guerres, ceste
concession s'extendra à tant moins de personnes.
Pour ce est-il que prenant esgard à ce qu'est porté
par l'aduis sur ce rendu par nos très chers et
feaux les President et gens tenant notre dite Cour
de Parlement, inclinant fauorablement à ladite requeste, Nous auons accordé et octroyé, accordons
et octroyons de grace espéciale par ces presentes aux
supplians et aux autres Aduocats qui seront cy-après
receus en leur dite Confrérie de S. Yve, le droit d'e-
uocation des causes et procès qui seront à l'aduenir
intentez contre eux en qualité de defendeurs en matière purement personele. Si donnons en mandement, etc... Donné en notre ville de Bruxelles, au

mois de novembre l'an de grace mil six cent qua-
rante-quatre et de notre règne le 24ᵉ.

On ne retrouve pas aux Archives les lettres-pa-
tentes de juin 1645, confirmatives de ce droit d'é-
vocation.

V. PROCÈS VERBAL DE L'ÉTAT DE LA SAINTE HOSTIE.

(21 juin 1648. — Traduit du latin).

De même que nous devons toujours adorer le
Christ dont la présence, quoique cachée sous les
espèces victorieuses des flammes, remplit néanmoins notre sanctuaire de grandeur et de majesté,
de même nous voudrions pouvoir le conserver à jamais parmi nous. C'est pourquoi, dans la crainte
que par la décomposition et l'anéantissement immi-
nents de ces saintes espèces nous ne soyons privés
de cette présence si désirable, après une mûre et
pieuse délibération, nous avons choisi le présent
jour, 21 juin 1648, pour examiner d'où provenait le mal qui attaquait ainsi notre divin trésor.
Se sont donc rencontrés, de la part du Clergé, le
très Révérend Doyen Bénigne de Thomassin, les
RR. Chanoines Marin Boyvin, Adam Mairot,
Etienne Simonin, Guillaume de Montureux, et
avec eux MM. Etienne Jacquet et Jean Lambert,
prêtres familiers ; de la part de la souveraine Cour
de Parlement, le très illustre Président Jean Boyvin ; de la part du Magistrat, Claude Boyvin, Vicomte-Mayeur ; enfin de la part des Avocats de la
Confrérie de S. Yves, le bâtonnier Claude-Lau-
rent de Marenches. Après que tous les susnommés

étant présents eurent adoré le S. Sacrement, la custode fut ouverte avec tout le respect possible; et alors le dit Doyen aperçut un vermisseau roulé en spirale, qu'il saisit avec la pointe d'une épingle et plaça sur un corporal où chacun l'examina; puis on le brûla avec un charbon pris dans l'encensoir, et ses cendres furent jetées dans la piscine. On put alors constater tout le dommage que ce misérable petit animal avait causé aux espèces sacrées dont les débris ici tombaient en poussière, là se trouvaient rongés et lacérés, de telle sorte que l'Hostie n'avait presque plus rien de sa forme circulaire, et présentait de profondes découpures partout où le vermisseau s'était livré à ses sinueuses évolutions. Cependant comme la majeure partie des espèces demeure intacte et sans défaut, nous avons appliqué par dessous une lame de cire prise sur le cierge pascal, afin de conserver par là cette partie restée saine, et que celles qui s'en détachaient et tombaient par fragments, pussent être rajustées à côté aussi exactement et intimement que possible; cette opération ayant réussi à notre gré, il y a tout lieu d'espérer que le Seigneur Jésus-Christ, qui a voulu autrefois illustrer ces saintes espèces par un si grand miracle, nous conservera par leur moyen une longue preuve de son amour et de sa victoire, ce dont nous le supplions humblement prosternés devant sa toute-puissante Majesté. Puis, pour qu'à l'avenir le culte des fidèles ne tombe pas sur un objet incertain, nous avons adapté à la custode une petite lunette d'or assez grande pour recevoir une hostie consacrée que l'on pourra changer à volonté. De cette sorte il n'y aura plus aucune nécessité

de toucher à l'Hostie miraculeuse, et le mieux sera
d'en remettre la conservation à la divine Providence. Enfin pour faire connaître amplement la
chose à ceux qui viendront plus tard, et pour que
personne ne s'avise de soupçonner qu'on ait changé
l'Hostie, ou qu'il s'y soit glissé quelque supercherie, nous en avons dressé d'un commun avis ce présent récit, simple et fidèle, auquel nous avons ap-
posé chacun le sceau de notre Compagnie ; car dès
qu'il s'agit de Dieu et des choses divines, le Chrétien
doit rejeter loin de lui toute pensée de fraude, et la
Majesté du Créateur ne veut point être honorée à
l'aide de trompeurs artifices. (*Signé et scellé par
les personnages dénommés à l'acte*).

VI. STATUTS DES PROCUREURS DE LA CONFRÉRIE
MONSIEUR SAINT YVES DE DOLE.

(18 *mai* 1565).

Comme de toutes choses faictes et fondées en
l'honneur de Dieu et des Saincts et Sainctes de Paradis ne peult aduenir que bien et repos ; aussi que
dois quelques années, les sieurs Président et Conseilliers en la Souueraine Court de Parlement à Dole,
et après eulx les sieurs Aduocats de ce dict lieu auroient vouhé la celebration de la feste Monsieur
Sainct Yues, Patron et protecteur de tous suyuans
le train de justice ; de mesmes des l'an mil cinq
cens soixante et ung, auroit m^re Etienne Colard,
procureur postulant au dict Parlement, dressé
quelques articles pour entre les Srs Procureurs faire
confrérie et mesme solemnization du jour de feste
Monsieur Sainct Yues, touteffois a raison de quel-

ques empeschemens auroit l'affaire esté différé et
surceu jusques à oires : Aussi est que le jourd'huy
date de cestes, Constitués et estans en leurs per-
sonnes, et à cest effect unanimement assemblez
en l'auditoire du Bailliage, les sieurs Procureurs
cy après nommez : Assavoir M^{res} Pierre Coinctot,
Baptiste Daguet, Jehan Coinctot, Jehan Renard,
Jehan de Crament, Charles Demoissey, Claude
Naulot, Henry Giroudet, Ancelme Bonnet, Jehan
Boyuin, Laureus Perrin, Nicolas Morel, Jehan de
Marigny, Desiré Camu, Jehan Sirehorry, Claude
Cachet, Anathoile Bougauld, Pierre Chenu, Ro-
bert Demoissey, Joseph Perrin, Hugues Frère,
Philippe Chaulcin, Guillame de Crament, Jehan
de la Monnoye, Guillame Marion, Pierre Poty,
Denys Quarrey, Claude Fichot, Benoit Perret,
Guillame Fricquet, Pierre Bretenois, Jehan Pusin,
Adam Denys, Jehan Gadriot, Claude Gurry, Gas-
pard Petitnief, Hugues Gorre, Estienne Colard,
Jehan Coinctot le jeune et Yues Vuillou, iceulx et
chascun d'eulx, vehus et entendus les susdicts articles dressés par le dict Colard, et désirans faire
euure méritoire et agréable à Dieu, et à l'honneur
du dict Sainct Yues leur Patron, ont vouhé, insti-
tué, establi, fondé, et dressé comme ils font par
cestes entre eulx la Confrérie declairée es articles
suygans.

Premierement, ont unanimement conclud et
determiné que doiresenavant à tel jour que tumbera
et echerra la dicte feste de Monsieur Sainct Yues,
icelle sera par eux celebrée et solemnizée avec ces-
sation d'euures, comme les aultres festes solem-
nelles ordonnées et commandées faire par nostre
mere saincte Eglise.

Item, que la veille de la dicte feste Monsieur Sainct Yues et le jour seront dictes et celebrées en l'Eglise des Frères mineurs de Sainct François de ce lieu de Dole, et jusques aultrement y soit pourveu et determiné par les dicts Confreres, assauoir la dicte veille Vespres, le dict jour la grande Messe et les Vespres, le tout solemnellement et aux heures accoustumées.

Item, qu'en ceste presente assemblée seront par les dicts Confreres choisis et esleus deux Bastonniers et Recteurs de la dicte Confrérie pour l'année prochaine mil cinq cens soixante six et la sequente, et chascun an ung auec celui ja esleu; affin que defaillant l'ung, l'aultre subrogué en son lieu et préaduerty puisse accomplir les choses y contenues.

Item, que tous les dicts Confreres seront tenus ausdits veille et jour de feste Monsieur Sainct Yues eux retreuuer en la maison de celui qui sera Bastonnier, aux heures des Vespres et Messe ci deuant ordonnées, afin de le conduyre à l'Eglise et ramener en sa maison.

Item, marcheront assauoir les Bastonniers et celluy qui sera choisy pour l'année après, et ceulx ja ayans esté Bastonniers les premiers, et tous les aultres procureurs et confreres selon l'ordre de leurs receptions, et non aultrement, deux à deux, vestus de leurs longues robes et plus honnestes accoustremens, et sans garrulation ou tumulte.

Item, que chascun an le jour du dict Sainct Yves après disné, pour le remede et salut des ames des Confreres et aultres bons trespassés, seront dictes et celebrées en la dicte Eglise Sainct François, ou ailleurs quand il sera aultrement determiné, les Vigilles, et le lendemain trois grandes Messes, à la celebration desquelles assistera le dict Bastonnier et aultres trois ou quatre tels qu'il vouldra choisir.

Item, que chascun jour du dict Sainct Yues, le Bastonnier choisy et esleu sera tenu donner à disner aus dits Confreres et chascun d'eulx honnorablement, à sa bonne discretion, et ainsi qu'il pourra, et sans excès et superfluité de viandes.

Item, que après le dict disné, seront tenus les diets Confreres et chascun d'eulx payer et deliurer content au dict Bastonnier la somme de quatre gros monnoye applicables assauoir, trois gros au dict Bastonnier, et quatre blancs pour le seruice divin dont le dict Bastonnier rendra compte, au dict instant et de son administration, et ce jusques aultrement soit aduisé, et que par succession de temps aulmosnes ou aultrement, l'on ayt peu acquerir rentes pour l'accomplissement du dict seruice diuin.

Item, que le dict Bastonnier sera tenu deliurer et remettre es mains de son successeur le tiltre de fondation de la presente Confrerie, ensemble tous Papiers Deliberations et Tiltres concernans icelle, pour estre gardés par le dict successeur dedans ung coffre que sera pour ce acheté et destiné.

Item, qu'en l'assemblée d'icelle Compagnie et après le dict disné, par deuant icelle ou dix que pourroient estre choisis, seront mises en terme toutes choses et affaires concernans la dicte Confrérie; Affin que sur les aduertissemens du dict Bastonnier soit pourveu à ce qu'il sera necessaire; qu'on puisse appoincter amyablement tous d'icelle Confrérie qui auroient rancune, procès ou querelles ensemble ; Aussi aduiser si aulcune chose viendroit à remonstrer à la Court pour le faict de l'expedition et abbreuiation des proces et soulagement des contendans en la dicte Court et Bailliage d'icelle.

Item, et pour ce que aulcungs des dicts Confreres peult estre par negligence ou aultrement defauldroient à accompagner le dict Bastonnier comme dict est, et assister aus dicts seruice diuin et disné predicts, il est accordé que pour chascune fois qu'on deffauldra es dictes messes vespres ou disné, le defaillant payera quatre blancs applicables à la dicte Confrérie, n'estoient les dicts defaillans fussent auparavant absens, detenus de maladie, ou qu'aultre excuse peremptoire milita pour eulx.

Item, que toutes choses qui seront conclutes et determinées par la pluralité des voix des dicts Confreres pour le faict de la dicte Confrérie, soit pour fournir argent ou aultrement en quelque maniere que ce soit, tiendront nonobstant la contradiction que aulcungs y pourroient mectre, et nonobstant icelle, seront contraincts au payement des choses ordonnées, et ce à peine d'estre expulsés et excusés de la dicte Confrérie apres auoir payé, et à quoy ils pourront estre contraincts, comme aussi tous defaillans, à payer comme dessus est dict les prestations statuées.

Item, que decedant aulcung des dicts Confreres, tous les aultres seront tenuz assister aux funerailles enterrement et obseques du defunt, s'il n'y a aussi excuses peremptoires, et payer chascun d'eulx deux petits blancs, sur lesquels l'on payera six torches que seront enuoyées pour les funerailles de

chascun Confrere decedant, et à icelles attachés les
ecussons d'icelle Confrerie, tels qu'ils seront diuisés
et arbitrés deuoir estre faicts, et demeureront les
dictes torches es eglises où seront inhumés les dicts
deffuncts.

Item, si aulcung des dicts Confreres aux dictes
assemblées se treuuoit tumultuant ou murmurant,
il pourra estre condamné en quelque somme au
prouffit de la dicte Confrerie, et si continue, ex-
cusé et mis hors d'icelle.

Item, et pour commancer à fournir aux frais
que dessus, et pour le service que ja le jour de demain l'on a resolu debuoir estre faict au dict couuent Sainct François, aussi qu'encoires n'y a il
aultres deniers, a esté resolu et ont promis chascun
des dicts Confreres payer content deans ce jour-
d'huy, et mectre es mains du premier Bastonnier
qui sera esleu, la somme de cinq sols tournois, desquels le dict Bastonnier tiendra et rendra compte.

Item, que chascun an à mesme jour Sainct Yues
et apres le dict disné, seront les deliberations et
resolutions de la dicte Confrerie redigees par escript,
et auec les aultres tiltres et pieces mises au coffre
et puissance du Bastonnier ou successeur.

Item, si aulcung de mesme profession de procureur que les dessus dicts, non estant de present
receu en la dicte Confrerie, venoit et desira cy
apres estre receu en icelle, il y pourra estre admis
par l'aduis des dicts Confreres, en payant par le
dict suruenant la somme de dix sols tournois, ou
aultre telle somme qui sera aduisée de plus selon
les qualitez et facultez du dict suruenant.

Ce faict, tous les dicts Confreres ont choisy et

esleu par pluralité de voix pour Bastonnier et Gouverneur d'icelle Confrerie pour l'an prochain que l'on dira mil cinq cens soixante six, le dict Mre Jehan Coinctot, et pour l'année apres mil cinq cens soixante sept, Mre Jehan Renard ; lesquels voluntairement et aggreablement ont accepté les dictes charges et promis, comme aussi ont faict tous les dessus dicts Confreres et chascun d'eulx par leur foy et screment pour ce prestez et touchez corporellement sur et aux saincts euangiles de Dieu, estant es mains de Mre Pierre Bichet de Besançon, notaire demeurant au dict Dole, dehue stipulation sur ce entreuenant, et soubz l'obligation de tous et chascun leurs biens presens et aduenir, et ceulx de leurs hoirs et successeurs, tout le contenu de chascun des dicts articles cy dessus, auoir et tenir ferme stable et agreable sans jamais aller ne venir au contraire, ains l'entretenir chascun en droit soy punctuellement, renunceans pour ce à toutes choses contraires à ces presentes, ausquelles ils ont voullu estre appendu le seel de sa Majesté duquel l'on use en sa ville et tabellionne du dict Dole, que furent faictes et passées au dict Dole, en l'audience des causes du Bailliage d'illec, en presence de Mr François Finot et Claude Novelier du dict Dole notaires, le vendredy dix huictieme jour du mois de may mil cinq cens soixante cinq.

(*Extrait du registre des délibérations de la Confrérie des Procureurs, déposé à la bibliothèque de Dole*).

VII. Note sur les valeurs relatives de l'argent et des principales denrées a Dole, de l'an 1500 a l'an 1630.

Cette note n'ayant d'autre but que de faciliter une évaluation approximative en monnaie actuelle des sommes énoncées dans le cours de cette notice, nous n'entrerons pas dans les détails de l'ancien système monétaire de notre province. Nous rappellerons seulement que l'ancien franc de Bourgogne qui était comme la base de ce système, se divisait en 12 gros, le gros en 4 blancs, et chaque blanc en 3 engrognes ou niquets. On suivait aussi la division du franc en 20 sols, et du sol en 12 deniers.

On sait quelles énormes variations a subies la livre-monnaie depuis Charlemagne jusqu'à nos jours, sous le rapport du poids et du titre. Il en a été de même du franc de Bourgogne. Laissant ici de côté les monnaies d'or, et supposant que le titre de l'argent était au XVIe siècle égal à celui d'à présent, nous trouverons à peu près pour le franc et ses subdivisions anciennes les relations suivantes :

			fr.	c.
Vers 1500, poids 24 grammes : valeur	4	80
En 1557, — 19 — —	5	80
En 1580 et 1600, 12 40 — —	2	48
En 1622, — 10 5 — —	2	10

Par conséquent, en suivant les dates ci-dessus, on trouvera qu'un gros a successivement valu 0,40, — 0, 52, — 0, 20, — 0, 17 ; un blanc 0, 10, — 0, 08, — 0, 05, — 0, 045 ; et un niquet 0,033, — 0, 026, — 0, 016 et 0, 015.

On pourra, au surplus, consulter les ouvrages de D. Grappin et de MM. Plantet et Jeannez sur les monnaies de Franche-Comté.

Voici maintenant les prix de diverses denrées pendant la même époque. Nous avons indiqué entre parenthèses la valeur qu'ils auraient aujourd'hui en francs et centimes, en prévenant toutefois que ces réductions ne sont qu'approximatives.

Blé et pain. (La mesure de Dole vaut en litres : 19, 81, et la livre-poids vaut en grammes : 489, 5). — En 1527, le blé coûte 3 gr. (1 fr.). — En 1528, 5 gr. (1, 60), *cherté.* — En 1545, prix moyen, 4 gr. (1, 20). — En 1573 et 1581, 11 gr. et 20 sols (2, 30 et 2,50), *cherté.* — En 1610, vaut 9 à 10 gr. (1, 75 à 2 fr.). — En 1625 et 1626, varie de 10 à 16 gr. (1, 70 à 2, 60). — En 1630, *année de peste,* il varie de 30 à 40 gr. (4,75 à 6, 50); — en 1632, redescend à 12 ou 15 gr. (2 fr. à 2, 50). — En 1638, *guerre et famine,* il s'élève à 5 fr. (environ 10 fr.).

En 1528, le pain est à 2 engr. (0, 06); — En 1545, 2 engr. 1|2 (0, 06). — En 1573, 9 den. (9 à 10 cent.). — En 1581, le pain blanc est taxé 1 sol (0, 12), et le bis 7 den. (0,07). — En 1610 et 1625, le pain blanc est à 10 et 11 den. (9 et 10 cent.). — En 1626, à 14 den. (0, 12). — En 1630, il vaut 32 den. (28 à 29 cent.); — en 1638, 10 bl. 2 den. (0,32), et le bis 3 sols (0, 30).

Viande. On distinguait dans le bœuf le *pey,* (longe ou croupe), la cuisse et l'épaule; ces trois parties étaient taxées séparément, ainsi que la longe et poitrine dans le veau. Le mouton n'avait qu'un seul prix.

En 1535 ,la viande se paie 1 bl. (0, 08) la livre,
l'un portant l'autre. D'après l'essai fait pour arriver à la taxe , 2 bœufs pesant ensemble 950 à 1000
livres ont produit par la vente au détail 23 fr. 9 gr.
(90 fr.). — En 1536, la livre du pey est à 4 engr.,
la cuisse à 6 den., l'épaule à 1 bl. (à peu près 11,
10 et 8 centimes). — En 1604, le bœuf vaut 26,
22 et 18 den. (mêmes chiffres en centimes); mouton, 2 gr. (0, 58); veau, 6 et 5 bl. (27 et 22 c.).
— De 1610 à 1652, le prix moyen de la viande
reste à peu près égal à celui de 1604.

Vin. Au XVIe siècle, la queue de Dole mesurait 384 pintes. Une ordonnance du Parlement de
1594 fixa sa contenance à 565 pintes. Plus tard elle
fut réduite à 560. La pinte de Dole vaut en litres :
1,269 ; la queue de 560 pintes égale 457 litres.

En 1509, le vin coûte 8 fr. (36 fr.) la queue.
— En 1532, la pinte de bon vin blanc est taxée à
5 niquets (0, 13); — de bon vin rouge du vignoble
de Dole, à 4 niquets (0, 10); — de tout autre vin,
1 bl. (0, 08). La vente du vin de *gamé* était inter-
dite. — En 1536, la queue vaut 12 fr. (45, 60),
et la pinte 4 engr. 1|2 (0, 12): — En 1578, le
meilleur vin d'Arbois et de Château-Châlon est taxé
4 sols (0, 48); — de Dole, *récolte de 1575*, 2 gr.
et au-dessous (0, 40), et le vin nouveau 6 bl. (0,50).
— Aux années 1610, 1612, 1615, 1625 et 1650
correspondent les taxes de 15, 25, 33, 27 et 18 fr.
la queue (55, 55, 72, 57 et 58 fr.).

Hôtels et Auberges. En 1483, la pension journa-
lière d'un homme vivant à table d'hôte est de 4 bl.
(0, 50). — En 1490, celle d'un homme voyageant
à cheval, est taxée à 5 gr. (2, 40); — en 1531,

à 13 sols (2, 60) ; — en 1532, à 10 sols (2 fr.).
— En 1546, le prix de la pension dans les meilleurs
hôtels est fixé à 12 sols, 5 pour le diner, 7 pour
le souper (0, 95 et 1, 35), et dans les moindres
à 10 sols (1, 90) par jour. — En 1600, un homme
à cheval paie 21 gr. (4, 20); à pied, 10 gr. (2 fr.).

Journées d'ouvriers. Un vigneron recevait, en
1497, pour tailler et lier la vigne, 6 bl. (0, 65).
— Une journée semblable est taxée, en 1575, à
5 sols (0, 67). — De 1509 à 1525, les maçons tra-
vaillant à l'Eglise recevaient en été, les maîtres
10 bl., et les simples ouvriers 2 gr. (1 fr. et 0, 80),
et en hiver, 2 gr. et 6 bl. (0, 80 et 0, 60).

Prix divers. — En 1507, la livre de chandelle
vaut 10 niquets (0, 35); — en 1564, 9 bl. et 4
sols (0, 55 et 0, 60). — Vers 1570, une livre de
riz coûte 6 bl. (0, 55); — d'huile d'olive, 5 sols
(0, 70); — de sucre, 30 sols (4 fr.); — de cannelle,
4 fr. (9, 75); — de poivre; 2 fr. (4, 90) — le cent
de harengs sorets, 4 fr.; — de harengs blancs, 55
sols (7 fr.) — une orange, 1 sol (0, 14).

En 1538, le salignon de sel, pesant 2 liv. 2|5,
coûte 3 bl. (0, 24).

En 1625, le beurre est taxé à 14 bl. (0, 60) la
livre.

Le fer se vend, en 1562, 32, 31 et 30 fr. le
millier, c.-à-d. 490 kilogr. (environ 96, 93 et
90 fr.), et au détail 9 den. tourn. (0, 12) la livre.

En 1505, 12 soitures (environ 4 hectares) de
prés et saussaies sur Crissey sont amodiées 20 fr.
(95 fr.); — en 1497, c'était 1 fr. la soiture.

A l'occasion de la venue de l'Archiduc en 1503,
la ville emprunte 1 fr. de chacun des conseillers et

personnages notables, laquelle somme leur sera rabattue sur le premier *gect*, ou imposition.

En 1506, les gages du Mayeur sont de 12 liv. est. par an (à peu près 65 fr.); — en 1529, ceux du procureur syndic, 15 liv. (un peu plus de 65 fr.)

Ces indications doivent suffire. Nous observerons seulement que les taxes des denrées se faisant surtout en temps de cherté, les prix marqués sont pour la plupart au-dessus du cours moyen.

Additions et rectifications.

Pages 7 et 8. L'Eglise S. Georges subsista beaucoup plus tard que le commencement du XVIIe siècle, comme nous l'avons dit par erreur. Un titre de 1590, par lequel Pierre de Herba, prêtre, de Dole, dota cette église, donna des fonds pour la réparer et la mit sous le patronage des échevins et prudhommes de Dole, montre qu'on y faisait les offices comme dans une église paroissiale, et il paraît qu'alors on la considérait comme la plus ancienne de la ville. Au XVIe siècle, elle fut affectée spécialement à MM. de l'Université qui durent l'abandonner à cause du mauvais état où elle se trouvait. Vers l'an 1570, le Magistrat la céda aux Confrères de la Croix, qui se chargèrent de l'entretenir, et depuis elle porta le nom de cette Confrérie. Convertie en magasin pendant la révolution, elle fut plus tard vendue à des particuliers. On n'a achevé de la démolir qu'après 1850.

Page 41 , *ligne* 7 , *au lieu de* Marguerite Chaillot , *lisez* Jeanne Chaillot.

Page 53. Une faute d'impression dans l'ouvrage que nous avions consulté pour la date de la canonisation de S. Yves, nous a fait tomber dans une erreur importante à rectifier. C'est en 1347 (et non 1547) qu'elle fut prononcée. Les premières Confréries de S¹ Yves datent du XV⁰ siècle.

TABLE DES MATIÈRES.

Pages.

FIN.